Volker Wagner

Rechtssätze in gebundener Sprache
und Rechtssatzreihen im israelitischen Recht

Volker Wagner

Rechtssätze in gebundener Sprache und Rechtssatzreihen im israelitischen Recht

Ein Beitrag zur Gattungsforschung

W
DE
G

Walter de Gruyter · Berlin · New York
1972

Beiheft zur Zeitschrift für die alttestamentliche Wissenschaft

Herausgegeben von Georg Fohrer

127

©

ISBN 3 11 003945 1

Library of Congress Catalog Card Number: 72—76051

1972

by Walter de Gruyter & Co., vormals G. J. Göschen'sche Verlagshandlung — J. Guttentag,
Verlagsbuchhandlung — Georg Reimer — Karl J. Trübner — Veit & Comp., Berlin 30
Printed in Germany
Satz und Druck: Walter de Gruyter & Co.

Die vorliegende Arbeit ist aus der Dissertation des Verfassers entstanden, die unter Herrn Prof. D. Hans Bardtke angefertigt, im Sommer 1968 der Theologischen Fakultät der Karl-Marx-Universität Leipzig eingereicht und im Jahr darauf verteidigt wurde.

Der Verfasser dankt auch an dieser Stelle Herrn Prof. Dr. Georg Fohrer sowie dem Verlag für die Aufnahme seiner Arbeit in die Beihefte zur ZAW von Herzen.

Otterwisch bei Leipzig   Volker Wagner

Inhaltsverzeichnis

Es ist über dreißig Jahre her, daß A. Alt die Methode der gattungs- oder formgeschichtlichen Forschung[1] als erster auch auf die juristischen Texte der alttestamentlichen Literatur angewendet hat[2]. Als Ergebnis seiner Untersuchungen stellt er zwei Gattungen des israelitischen Rechts einander gegenüber: das (gemeinaltorientalische) »kasuistisch formulierte Recht«, das der Laiengerichtsbarkeit im Tor entstamme, und auf der anderen Seite das genuin israelitische »apodiktisch formulierte Recht«, das im Kultus seinen Sitz im Leben gehabt habe. Seitdem und vor allem in den letzten zehn Jahren hat sich daran eine verhältnismäßig rege Diskussion angeschlossen[3]. Die einen haben A. Alts These weitergeführt, andere haben sie in verschiedenen Punkten korrigiert, ja auch abgelehnt. Zu einer allgemein akzeptierten Ansicht über die Gattungen des israelitischen Rechts und deren Sitz im Leben ist es dabei aber nicht gekommen.

Nun würde der consensus sapientium gewiß nicht die Wahrheit zeigen. Dürfte aber sein Ausbleiben nicht vielleicht doch die Möglichkeit offenlassen, daß das Problem falsch angefaßt sein könnte und es somit an der Zeit wäre, die Frage nach den Gattungen des israelitischen Rechts noch einmal von Grund auf zu durchdenken? Von Grund auf soll heißen: beginnend bei den Texten, ihrer Traditions- und Literargeschichte sowie ihren Interpretationsmöglichkeiten und -grenzen. Diese Aufgabe scheint dringlich zu sein, da Einzelaspekte der A. Altschen Auffassung von den einen bereits theologisch gedeutet worden sind, die andere mit guten Gründen für zweifelhaft oder gar falsch angesehen haben.

---

[1] Dazu ausführlich K. Koch, Was ist Formgeschichte?, 1968[2].

[2] A. Alt, Die Ursprünge des israelitischen Rechts, 1934.

[3] H. Gese, Beobachtungen zum Stil alttestamentlicher Rechtssätze, 1960; R. Kilian, Literarkritische und formgeschichtliche Untersuchung des Heiligkeitsgesetzes, Diss. 1960, im Druck 1963; E. Gerstenberger, Wesen und Herkunft des sogenannten apodiktischen Rechts, Diss. 1961, im Druck 1965; S. Gevirtz, West-Semitic Curses and the Problem of the Origins of Hebrew Law, 1961; R. Kilian, Apodiktisches und kasuistisches Recht im Licht ägyptischer Parallelen, 1963; H. Graf Reventlow, Kultisches Recht im Alten Testament, 1963; R. A. F. MacKenzie, The Forms of Israelite Law, Diss. 1949; ders., The Formal Aspect of Ancient Near Eastern Law, 1964; J. G. Williams, Concerning one of the Apodictic Formulas, 1964; C. Feucht, Untersuchungen zum Heiligkeitsgesetz, Diss. 1959, im Druck 1964; G. Fohrer, Das sogenannte apodiktisch formulierte Recht und der Dekalog, 1965; H. Schulz, Das Todesrecht im Alten Testament, Diss. 1966, im Druck 1969; W. Schottroff, Der altisraelitische Fluchspruch, Habil. 1968, im Druck 1969.

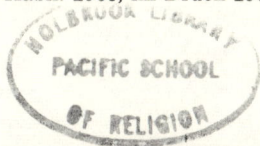

Die vorliegende Arbeit will versuchen, auf diesem Gebiet ein Stück Klarheit zu schaffen. Sie beschränkt sich im Untersuchungsmaterial auf die von A. Alt als Prototypen des apodiktischen Rechts beschriebenen Texte, die in gebundener Sprache verfaßt sind und Reihen bilden[4].

---

[4] A. a. O. 302 ff. 305 ff. 313 f. 315.

I. Die Talionsformel

Diejenige Reihe von Rechtsnormen, die in der alttestamentlichen Wissenschaft unter dem Namen Talionsformel bekannt ist, findet sich in drei unterschiedlich langen Versionen in Ex 21 23-25 Lev 24 (18 und) 20 sowie Dtn 19 21.

Auf den ersten Blick könnte man jedoch geneigt sein, die Belegstelle Dtn 19 21 nicht in diesen Zusammenhang zu stellen und gesondert zu behandeln, denn die hier vorliegende Variante zeigt einen anderen Wortschatz — der fixe Bestandteil der einzelnen Reihenglieder ist hier *bᵉ* statt *tăḥăt* — und normiert nicht wie die beiden erstgenannten das Strafmaß bei Körperverletzungen, sondern das bei falschem Zeugnis. Da die Talionsformel aber an keiner der drei Stellen literarisch primär, sondern zitiert bzw. sogar substituiert ist[1], und da das Zitat der Talionsformel in Dtn 19 21 sich auch noch deshalb als sekundär, wenn nicht gar fehl am Platze erweist, weil es die Weite der Norm Dtn 19 19, die es illustrieren soll, erheblich einengt, werden wir wohl die aus der Reihe fallende Anwendung der Talionsformel an dieser Stelle nicht überbewerten dürfen und auch terminologisch nicht zu unterscheiden brauchen. Für den Unterschied im Wortschatz freilich muß eine Deutung versucht werden[2].

In Ex 21 ist die Talionsformel an den Ort der Rechtsfolge eines als Konditionalsatzgefüge konstruierten Rechtssatzes substituiert, der die Verletzung einer schwangeren Frau behandelt, die über die Frühgeburt hinaus noch einen anscheinend tödlichen[3] Schaden davonträgt. Die Talionsformel besteht aus einer Reihe elliptischer Glieder und ist damit vom Kontext stilistisch abgesetzt. Dieser Stilbruch wird noch dadurch unterstrichen, daß die Reihe durch ein *wᵉnatăttă* eingeleitet wird, das als finite Verbalform nicht zu der elliptischen Reihe

---

[1] Zur Ansicht R. Kilians, Literarkritische und formgeschichtliche Untersuchung des Heiligkeitsgesetzes, 115, der in der Talionsformel »den Grundstock des Abschnittes« Lev 24 15-22 sieht, vgl. unten 5.

[2] Dazu unten 15 Anm. 44 und 48 Anm. 7.

[3] W. Baumgartner, Hebräisches und aramäisches Lexikon zum Alten Testament, übersetzt *'asôn* mit »tödlicher Unfall«; die Parallelen in CH § 209f. und HG I § 17 sichern diese Übersetzung wenigstens für den vorliegenden Fall. Ansonsten erinnert das *'asôn* freilich stark an das sum. oder akk. *azu* bzw. *asûm*, was eher an eine heilbare Verletzung denken läßt; W. Baumgartner umgeht diese Schwierigkeit a.a.O. mit der Annahme eines Euphemismus. Anders M. Noth, ATD 5, 137 und 147, der zwischen v. 22 und 23 trennt und für den die Talionsformel lose an das Wort Schaden in v. 21 angeknüpft ist.

gehören wird, das aber mit seiner Anrede auch aus dem Stil des Kontextes herausfällt. Und schließlich wird der sekundäre Charakter der Talionsformel an dieser Stelle dadurch deutlich, daß es zum Ausdruck des Rechtswillens in der Neufassung dieses Paragraphen ausgereicht hätte, das erste Glied der Reihe *næpæš tăḥăt næpæš* zu substituieren; die anderen Glieder erscheinen hier überflüssig, es sei denn, wir hätten *næpæš* nicht mit »Leben« zu übersetzen, sondern müßten hier die sprachgeschichtliche Grundbedeutung »Kehle« einsetzen[4], und es sollte mit dem Zitat der gesamten Reihe die umfassende Ganzheit des zugefügten Schadens und der dafür notwendigen Vergeltung umschrieben werden[5], freilich dürfte diese Deutungsmöglichkeit durch das *kᵉwijjā tăḥăt kᵉwijjā*, das ja mit dem Rechtskasus tatsächlich nichts zu tun hat, kaum nahegelegt werden[6].

Soweit geht im Grundsätzlichen schon A. Alt in seiner Analyse[7]. Was ihm jedoch anscheinend nicht aufgefallen ist: Auch dieses Zitat der Talionsformel ist bereits nicht mehr aus einem Guß. Zwischen dem fünften und dem sechsten Glied der Reihe liegt ein logischer Bruch, die ersten Glieder bezeichnen jeweils das verwundete Körperteil[8], während die letzten drei Glieder die Verwundung nennen. Freilich könnte man gegen dieses Argument einwenden: Wie hätte der Verfasser oder Redaktor den gemeinten Sachverhalt denn anders ausdrücken sollen? Es fällt aber weiter auf, daß diese drei letzten Glieder der Version von Ex 21 in Lev 24 und Dtn 19 keine Parallele haben; in Lev 24 findet sich dagegen ein neues Glied, das ebenfalls kein Körperteil, sondern eine Verwundung bezeichnet: *šæbær tăḥăt šæbær*. Drittens stehen diese nunmehr vier Glieder der Talionsformel, die aus der Reihe tanzen, — das sei vorweggenommen — nicht in der altorientalischen Schultradition, der die Talionsformel folgt[9]. Und schließlich hatten wir oben die Möglichkeit angedeutet, es ließe sich der Einbau der Talionsformel in Ex 21 23ff. besser verstehen, wenn

[4] J. Oelsner, Benennung und Funktion der Körperteile im hebräischen Alten Testament, 13 ff., im Anschluß an L. Dürr; A. Goetze, The Laws of Eshnunna, 121, erklärt *næpæš* ebenfalls als »breathing organ > breath« und stellt das *næpæš* der Talionsformel neben das *appe awilim* in LE § 42 — ein interessanter Vergleich, der aber doch wohl dadurch in Frage gestellt wird, daß beide Wörter, *næpæš* und *appum*, gemeinsemitisch sind.

[5] Es ist eine oft zu beobachtende Eigenart alter Rechte, daß sie umfassende Gültigkeit durch die Summierung von Einzelheiten auszudrücken versuchen.

[6] Diese Argumentation gilt nur solange, als wir dieses Glied zum ursprünglichen Bestand der Reihe rechnen.

[7] Die Ursprünge des israelitischen Rechts 303 f.

[8] Hierbei ist es gleichgültig, ob wir *næpæš* noch mit »Kehle« — das käme dem gleichrangigen Aufbau der Reihe zustatten — oder schon mit »Leben« übersetzen müssen.

[9] Dazu unten 7 f.

mindestens das Glied $k^ewijj\bar{a}\ t\breve{a}h\breve{a}t\ k^ewijj\bar{a}$ nicht zum ursprünglichen Bestand zu rechnen wäre. Diese vier Indizien führen zu dem Schluß, die Talionsformel sei im Laufe ihrer Traditionsgeschichte um

$$k^ewijj\bar{a}\ t\breve{a}h\breve{a}t\ k^ewijj\bar{a}$$
$$p\alpha s\breve{a}^{\,\prime}\ t\breve{a}h\breve{a}t\ p\alpha s\breve{a}^{\,\prime}$$
$$h\breve{a}bb\hat{u}r\bar{a}\ t\breve{a}h\breve{a}t\ h\breve{a}bb\hat{u}r\bar{a}$$

und $\check{s}\alpha b\alpha r\ t\breve{a}h\breve{a}t\ \check{s}\alpha b\alpha r$ erweitert worden[10].

Die Literargeschichte der zweiten Belegstelle Lev 24 10-23 wird sich wohl kaum jemals so deutlich erhellen lassen. Wir möchten aber eher der Analyse Reventlows folgen, auch wenn es stärker fundiert werden müßte, ob in dem Abschnitt Lev 24 15-22 tatsächlich »eine apodiktische Reihe als Grundlage« steckt[11], als daß wir uns R. Kilians Ansicht anschließen könnten: »Den Grundstock des Abschnittes bildet sicher die im Mittelpunkt stehende Talionsformel ...

v. 18b ... Leben für Leben

v. 20a ... Bruch für Bruch

... Auge für Auge

... Zahn für Zahn[12]«.

Liest man diesen Abschnitt einmal ohne die Talionsformel, dann merkt man, sie ist durchaus entbehrlich, denn sie trägt zum Inhalt nichts bei. Mindestens aber Lev 24 20a würde, stände es nicht im Text, keinesfalls vermißt. Etwas anders ist das vielleicht mit dem $n\alpha p\alpha \check{s}\ t\breve{a}h\breve{a}t\ n\alpha p\alpha \check{s}$ in Lev 24 18; es ist aber die Frage, ob diese Wendung hier, wie in den Übersetzungen gewöhnlich angesehen[13], als Ellipse zu verstehen ist: Wenn ja, dann muß das voranstehende $j^e\check{s}\breve{a}ll^e m\alpha nn\bar{a}$ als suffigierte Form verstanden werden, so ist auch der Akzent in BHK gesetzt worden; könnte aber $j^e\check{s}\breve{a}ll^e m\alpha nn\bar{a}$ nicht auch ein energicus ohne Suffix sein? Die dem arab. längeren energicus auf -anna entsprechende Form ist im Hebräischen auch noch an anderer Stelle belegbar[14], wenn sie allerdings auch nicht als häufig bezeichnet werden kann. Rechnen wir in v. 18 mit einer solchen Form, dann müßten wir übersetzen: »Der ein Stück Vieh

---

[10] Ob die Talionsformel vor oder nach ihrer Erweiterung zu der jetzt in Ex 21 vorliegenden Gestalt an dieser Stelle substituiert worden ist, läßt sich nicht eindeutig entscheiden; da aber das $k^ewijj\bar{a}$ zu dem behandelten Rechtsfall eigentlich nicht paßt, wir andererseits aber diese Substitution einem mindestens juristisch interessierten Mann werden zuschreiben müssen, und da außerdem dieser Zusatz durch die Versabteilung vom ursprünglichen Bestand getrennt ist, könnte man schon zu der Ansicht neigen, Ex 21 25 sei ein sekundärer Einschub in den bereits substituierten Text.

[11] H. Graf Reventlow, Das Heiligkeitsgesetz formgeschichtlich untersucht, 119ff.

[12] R. Kilian 115.

[13] M. Noth, ATD 6, 155; K. Elliger, Leviticus, 330.

[14] R. Meyer, Hebräische Grammatik, II 13, verweist in diesem Zusammenhang auf das freilich anders geschriebene $h\breve{a}gg\hat{i}d\bar{a}$-nna' in Gen 32 30.

Erschlagende muß Stück für Stück ersetzen.«[15] Das *næpæš tăḥăt næpæš* würde dann überhaupt nicht zu den später zitierten Gliedern der Talionsformel gehören, und die Frage, warum denn die Reihe auseinander gerissen worden sei, wäre gegenstandslos.

Vielleicht kann die Entstehung der gegenwärtigen Textgestalt, soweit sie für unseren Zweck interessant ist, folgendermaßen rekonstruiert werden: Lev 24 18 war ein Satz mit der soeben dargelegten grammatischen Struktur; die darin vorkommende Wendung *næpæš tăḥăt næpæš* und der in v. 19 sehr elegant formulierte Grundsatz des ius talionis haben einen Redaktor dieses Textes dazu angeregt, in v. 20 die Talionsformel zu zitieren, wobei offen bleiben muß, ob er das *næpæš tăḥăt næpæš* in v. 18 als erstes Glied der Reihe verstanden wissen wollte.

Das hier vorliegende Zitat der Talionsformel deckt sich nicht mit der Version in Ex 21, es fehlen die beiden letzten Glieder des ursprünglichen Bestandes, ferner ist der schon erwähnte Zusatz *šæbær tăḥăt šæbær*[16] vorangestellt.

Weitere Belegstellen oder eventuelle Splitter der Talionsformel lassen sich in der atl. Literatur nicht finden[17].

In der für uns ältesten greifbaren Gestalt besteht die Talionsformel also in einer Reihe aus fünf elliptischen Gliedern:

$$næpæš\ tăḥăt\ næpæš$$
$$'ăjin\ tăḥăt\ 'ăjin$$
$$šen\ tăḥăt\ šen$$
$$jad\ tăḥăt\ jad$$
$$rægæl\ tăḥăt\ rægæl$$

Die Glieder mit je einem Beispiel für Körperverletzungen sind in anatomischer Reihenfolge angeordnet:

---

[15] Zur Bedeutung »Stück« vgl. L. Koehler—W. Baumgartner, Lexicon in veteris testamenti libros, zur Stelle. [16] Der Hand oder des Fußes?

[17] Vergleichbar ist höchstens das *Læmæk*-Lied in Gen 4 23 mit der Wendung *kî 'îš harăgtî lᵉpiṣʿî wᵉjælæd lᵉḥăbburatî*. Hier finden wir nicht nur zwei Termini, die auch in der Erweiterung der Talionsformel in Ex 21 verwendet worden sind, und zudem noch in derselben Reihenfolge, sondern auch die syntaktische Funktion der Ausdrücke *lᵉpiṣʿî* und *lᵉḥăbburatî* deckt sich genau mit der Funktion des *tăḥăt næpæš* oder *bᵉnæpæš*.

Damit steht die Talionsformel, wie der Vergleich mit den Beispielen für Körperverletzungen und deren Reihenfolge in den anderen Gesetzessammlungen, in denen dieses Thema besprochen wird, zeigt, in einer gemeinaltorientalischen Tradition[18]:

Codex Urnammu	LE	CH	HG	Talionsformel
?[20]	Nase[19]			*næpæš*[19]
?[20]	Auge	Auge	Auge	Auge

[18] Darauf, daß diese Reihenfolge nicht durch die Wertigkeit der verletzten Körperteile bestimmt ist, weist das Verhältnis der finanziellen Entschädigungen in den Sammlungen, die die Körperverletzungen nicht nach dem ius talionis entscheiden:

	Codex Urnammu	LE	HG
Nase	(10 gín)	1 mana	
Auge		1 mana	früher 1 mana jetzt 20 gín
Knochen	1 mana		
Zahn	(²/₃ mana)	¹/₂ mana	früher 1 mana jetzt 20 gín
Ohr		¹/₂ mana	
Backe		10 gín	
Kopf			früher 6 gín jetzt 3 gín
Finger		²/₃ mana	
Hand		¹/₂ mana	20 gín
Fuß		¹/₂ mana	20 gín
Nase			1 mana
Ohr			12 gín
?		²/₃ mana	
?		10 gín	

Die Anordnungsweise in anatomischer Reihenfolge ist aber auch nicht auf juristische Texte beschränkt, wir finden sie ebenfalls in physiognomischen Omina: F. R. Kraus, Die physiognomischen Omina der Babylonier, 4, sagt: »Die Körperteile sind in natürlicher Reihenfolge vom Scheitel bis zur Sohle geordnet.«

[19] Vgl. dazu oben 4 Anm. 4.

[20] S. N. Kramer—A. Falkenstein lesen »*gìr*(?)«. Nach der Photo- und Autographie scheint der Rest des Zeichens aber so gering zu sein, daß man durchaus auch IGI lesen könnte; andererseits würde jedoch das Verbum *ku⁵* wegen seiner üblichen Gleichsetzung mit akk. *šebēru* eher die Ergänzung Nase nahlegen, zumal verwunderlich ist, daß in diesem Paragraphen verglichen mit den beiden nächsten eine recht niedrige Geldstrafe auferlegt wird, was doch wohl gegen eine Ergänzung IGI sprechen dürfte. Die neuen Texte zum Codex Urnammu bei O. R. Gurney—S. N. Kramer, Two Fragments of Sumerian Laws, helfen an diesem Punkte auch nicht weiter.

Codex Urnammu	LE	CH	HG	Talionsformel
Knochen		Knochen		
?[21]	Zahn	Zahn	Zahn	Zahn
	Ohr			
	Backe	Backe		
			Kopf	
	Finger			
	Hand		Hand	Hand
	Fuß		Fuß	Fuß
			Nase	
			Ohr	
	?			
	?			
				Brandwunde
				Quetschwunde
				Beule
				Bruch

Auch wenn wir den Codex Urnammu nur mit Vorsicht zum Vergleich heranziehen können, so ergibt doch die Synopse eine deutlich erkennbare Traditionsgeschichte: Der ursprüngliche Beispielsbestand für Körperverletzungen und seine ursprüngliche Reihenfolge ist

Auge

Zahn

Hand

Fuß. In diesen Grundbestand fügt LE noch das Ohr als verletzbares Organ zwischen Kopf und Extremitäten ein, CH und LE die Wange. Was mit der Kopfverletzung in HG gemeint ist, ist unklar; gemessen an der Höhe der verhängten Strafe scheint es sich um eine recht kleine Verletzung zu handeln, vielleicht ist sogar das gleiche wie in CH und LE mit dem Schlag auf die Wange gemeint. LE hat dann noch eine Fingerverletzung berücksichtigt, bevor die Reihenfolge traditionell fortgesetzt wird. Isoliert steht die Nennung des Knochens im CH da, es sei denn, wir nehmen den zerstörten Codex Urnammu als Parallele ernst. Der Einschub im CH könnte aber auch damit erklärt werden, daß die Gleichartigkeit des Bußgeldes bei Auge und Knochen für einen verletzten *muškēnum* und Sklaven §§ 198 f. den Eintrag einer Regel für die Buße bei einer Knochenverletzung auch für den Fall, daß es sich um einen Freien handelt, nahegelegt hat, was dann natürlich davor abgehandelt werden mußte.

Die HG fügen an die klassische Reihe dann noch Nase und Ohr an, ein Zeichen dafür, daß mindestens für den Platz der Abhandlung

---

[21] S. N. Kramer—A. Falkenstein bieten »nose« und »tooth«, der Synopse wegen wäre das letztere vorzuziehen.

einer Ohrverletzung keine feste Tradition vorlag. Das Problem Nase
— *næpæš* wurde oben (4 Anm. 4) erörtert, auch hier scheint es sich um
einen Zusatz zu dem ursprünglichen Beispielsbestand zu handeln.

Die Traditionsgeschichte der Talionsformel schließlich kann zusammenfassend so dargelegt werden:

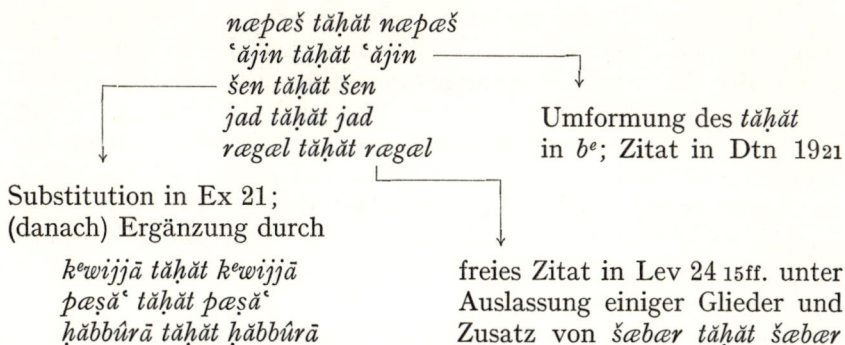

næpæš tăḥăt næpæš
ʿăjin tăḥăt ʿăjin ──────────┐
šen tăḥăt šen
jad tăḥăt jad   Umformung des *tăḥăt*
rægæl tăḥăt rægæl   in *bᵉ*; Zitat in Dtn 19₂₁

Substitution in Ex 21;
(danach) Ergänzung durch

kᵉwijjā tăḥăt kᵉwijjā   freies Zitat in Lev 24 ₁₅ff. unter
pæṣăʿ tăḥăt pæṣăʿ   Auslassung einiger Glieder und
ḥăbbûrā tăḥăt ḥăbbûrā   Zusatz von *šæbær tăḥăt šæbær*

An allen drei atl. Belegstellen ist die Talionsformel von denen,
die sie zitiert oder substituiert haben, als Strafrechtsnorm verstanden
worden. Und es ist eigentlich kein Grund ersichtlich, warum diese uns
expressis verbis vorliegende Verwendung der Talionsformel nicht auch
ihre ursprüngliche Bedeutung zur Zeit der Eigenexistenz und -tra-
dition zeigen sollte. So fassen sie dann auch eine Reihe von Autoren
als Strafrecht auf[22].

Anders macht es jedoch A. Alt: Er vergleicht die Talionsformel
mit lateinischen Wendungen auf algerischen Votivstelen aus der Zeit
um 200 n. Chr. und schließt daraus, der »gemeinsame Stil der israelitischen und der punischen Formel« sei »wohl da entstanden zu denken
. . ., wo er einem normalen Bedürfnis des kultischen Lebens dienen
konnte, also im Zusammenhang mit der Substitution einer möglichst
gleichwertigen Opferart für eine ältere andere wie im Falle der punischen Formel. Dann wäre seine Übertragung auf das Gebiet, mit dem
es die biblische Talionsformel zu tun hat, ein Vorgang sekundärer
Ausweitung des Stilbereiches«[23]. Und A. Alt geht noch weiter: »Den-
noch ist es keine metabasis eis allo genos, wenn sie« — nämlich die
Talionsformel — »sich im Blick auf ihr besonderes Anliegen einer Formulierung bedient, die in der liturgischen Sprache des Kultus zu Hause
ist. Denn auch bei ihr handelt es sich nicht, wie man wohl gemeint hat,
um die Befriedigung menschlicher Schadenersatzansprüche, sondern
um eine Ersatzleistung an die Gottheit . ., wenn durch Tötung oder
Körperverletzung eines Menschen die Gottheit geschädigt ist, die ihm

---

[22] D. Daube, Studies in Biblical Law; R. Kilian a. a. O.; H. Graf Reventlow a. a. O.;
C. Feucht, Untersuchungen zum Heiligkeitsgesetz.
[23] Zur Talionsformel 344.

Leben und Körper gegeben und darum den ersten Besitzanspruch
auf beides hat . . . das *wᵉnatättä* von Ex 21 ₂₃, wenn auch erst sekundär
bei der Einfügung der Talionsformel . . . hinzugesetzt, bezeugt ganz
richtig ihren kultischen Ursprung und Sinn.«[24] Diese Auffassung
A. Alts ist mehrfach in die neuere Literatur eingegangen[25].

Wir begegnen hier einer Anwendungsweise der formgeschichtlichen Methode, die nach A. Alt besonders R. Kilian in seinem Vergleich der Partizipialsatzformulierungen des israelitischen Rechts
mit den ägyptischen Ächtungstexten[26] und F. R. Kraus in seinem
Vergleich der Rechtssätze in Form von Konditionalsatzgefügen mit
dem Stil der Omina[27] durchgeführt haben. Daß dabei sehr interessante
Ergebnisse erzielt worden sind, ist unbestreitbar. Doch muß gefragt
werden, ob die formgeschichtliche Methode allein diese Ergebnisse
bringen kann. Es soll im folgenden versucht werden, dem am Problem
der Talionsformel nachzugehen.

A. Alt hat als Voraussetzung der Gattungsforschung angenommen,
»daß in jeder einzelnen Literaturgattung . . . bestimmte Inhalte mit
bestimmten Ausdrucksformen fest verbunden und daß diese charakte-
ristischen Verbindungen nicht etwa erst von Schriftstellern nachträglich und willkürlich den Stoffen aufgeprägt sind, sondern von jeher
wesenhaft zusammengehörten, da sie den besonderen, regelmäßig
wiederkehrenden Ereignissen des Lebens entsprachen, aus denen die
Gattungen je für sich erwuchsen«[28]. Wir wollen dem zustimmen, wenn
man wohl auch die Frage nicht unterdrücken kann, ob es denn eigentlich ausreichende Argumente dafür gibt, die literarische Freiheit des
— in diesem Falle altorientalischen — Autors[29] so radikal und auch
für alle Bereiche der Literatur gleichermaßen einzuschränken[30].

---

[24] 343.

[25] F. Horst, Der Diebstahl im Alten Testament, wovon er später anscheinend abrückt:
Recht und Religion im Bereich des Alten Testaments; G. von Rad, Theologie des
Alten Testaments, I 216 Anm. 28, dem widerspricht er auch in ATD 8 nicht,
obgleich er dort z. St. auf D. Daube verweist; M. Noth, ATD 5, folgt ebenfalls
A. Alt, bemerkt jedoch richtig, daß es sich um Vergeltung und nicht Ersatzleistung
handelt.

[26] Zuerst in seiner Dissertation, dann gesondert behandelt in BZ 7, 185 ff.; dazu unten
25.

[27] Ein zentrales Problem des altmesopotamischen Rechts: Was ist der Codex Hammurabi ?, Genava NS VIII, 283 ff.

[28] Die Ursprünge des israelitischen Rechts 284.

[29] Dieser Begriff sei hier verwendet, gleichgültig, mit welchen Unterschieden zu
unserem modernen Verständnis der Autorschaft er im einzelnen gefüllt werden
muß. Im übrigen darf man Anonymität nicht mit Mangel an Persönlichkeit ver-
wechseln.

[30] Auch im Blick auf die Gegenwart, aus der die Beispiele gewöhnlich gebracht werden, werden wir uns hüten müssen, zu schnell zu verallgemeinern. Ein Satz wie:

Wie aber dem auch sei, den von A. Alt gemeinten Tatbestand können wir mit den Symbolen der formalen Logik als

$$\text{Inhalt} \quad \wedge \quad \text{Situation} \longrightarrow \text{Form}$$

wiedergeben; dabei ist zu beachten, daß alle drei Größen komplexer Natur sind und durch mehrere Eigenschaften zugleich beschrieben werden müssen.

Nun beschränkt sich die formgeschichtliche Arbeit, wie schon das zu besprechende Beispiel zeigt, nicht darauf, die Komponenten kennenzulernen, die das Zustandekommen einer bestimmten Literaturgattung oder eines vorliegenden Textes bewirkt haben; sie will darüber hinaus unbekannte Komponenten — insbesondere den Sitz im Leben, in zweiter Linie auch inhaltliche Schattierungen — bestimmen. Das ist gewiß möglich, jedoch sind dieser Methode dadurch Grenzen gesetzt, daß die Zuordnung der drei Komponenten Inhalt, Situation und Form mehr oder weniger zufällig gewachsen ist, so daß aus der Kenntnis zweier Komponenten nicht eindeutig auf die dritte, unbekannte geschlossen werden kann. Möglich ist dieser Schluß wohl nur dann, wenn wir die zu bestimmende Aufstellung der gattungsgeschichtlichen Komponenten mit der Aufstellung für einen anderen, in allen drei Größen bereits bekannten Text vergleichen können, mit dem in mindestens zwei der (komplexen) Komponenten Übereinstimmung besteht; in diesem Fall kann die unbekannte Größe oder Teile daraus aus der zweiten in die zu bestimmende Aufstellung übernommen werden, zwei unbekannte Komponenten können jedoch auch auf diesem Wege nicht bestimmt werden.

Für die Inschriften auf den algerischen Votivstelen lassen sich die formgeschichtlichen Komponenten nun ohne Schwierigkeiten darstellen:

$$\begin{array}{ll} \text{Bitte um Annahme} & \text{eine Reihe ellip-} \\ \text{eines Ersatzopfers} \quad \wedge \quad \text{Kult} \longrightarrow & \text{tischer Glieder} \end{array}$$

Und wenn A. Alt bezweifelt, daß die Aufschlüsselung der gattungsgeschichtlichen Komponenten für die Talionsformel, wie sie durch die gegenwärtigen Kontexte nahegelegt wird,

$$\begin{array}{ll} \text{Strafnorm bei Kör-} & \text{Straf-} & \text{eine Reihe ellip-} \\ \text{perverletzungen} & \text{prozeß[31]} \longrightarrow & \text{tischer Glieder} \end{array}$$

»Wer mit dem, was er schreibt, etwas erreichen will, muß sich einer hergebrachten Gattung bedienen« (K. Koch 5) ist doch wohl höchst zweifelhaft.

[31] Oder irgendeine Institution der Rechtsordnung.

den ursprünglichen Sachverhalt wiedergibt, so wird er dazu wohl durch die Übereinstimmung auf der Formseite angeregt[32]. Da es ihm möglich erscheint, den Inhalt der Talionsformel so umzudeuten, daß er mit dem Inhalt der Wendung auf den algerischen Stelen identisch wird, schließt er daraus auf eine Identität auch des Sitzes im Leben und somit auf eine ursprüngliche kultische Verwurzelung der Talionsformel[33]. Damit aber sind Folgerungen für zwei unbekannte Größen gezogen worden, die dieser Vergleich nicht hergibt, abgesehen davon, daß von keinem der einschlägigen Texte her nahegelegt wird, das ius talionis als eine Ersatzleistung »an die Gottheit . . ., die ihm Leben und Körper gegeben« und deshalb »geschädigt ist«[33] zu verstehen[34].

Wir werden also annehmen dürfen, daß die Verwendung der Talionsformel in juristischen Texten und juristischem Sinne wie in der atl. Literatur die ursprüngliche und sachgemäße Verwendung darstellt, und wollen versuchen, den Rechtswillen, der hinter diesen Strafrechtsnormen steht, ohne Berücksichtigung wesensfremder, insbesondere religiöser Vorstellungen zu deuten; auf diesem Wege kann man zu Hinweisen auf den Entstehungs- und Geltungsbereich der Talionsformel gelangen. Wir gehen davon aus, daß es bei allem Recht darum geht, das gegenseitige Verhältnis der Menschen im Gleich-

---

[32] Im übrigen muß die Wendung auf den Votivstelen trotz ihrer elliptischen Struktur nicht unbedingt als stilistische Parallele zur Talionsformel angesehen werden, denn das *anima pro anima*

  san pro san

  vita pro vita ist keine Reihe mit inhaltlich unterschiedenen Gliedern, sondern nur der dreifache Ausdruck ein und desselben Tatbestandes; die Talionsformel ist dagegen eine regelrechte Beispielssammlung, deren Materialien im CH in mehreren Paragraphen (196ff.) abgehandelt werden müssen. Als echte stilistische Parallelen können lediglich

  CH § 263 *alpam kima alpim immeram kima immerim*

und vielleicht

  LE § 49 SAG.ÌR SAG.ÌR GEME GEME

genannt werden, die sich freilich in ausgeführten Sätzen finden.

[33] Zur Talionsformel 343.

[34] Vollends unhaltbar wird die Altsche Auffassung vom Wesen des ius talionis, wenn man bedenkt, daß dieses — wie sich zeigen wird — dem nomadischen Recht entstammt, denn die religiöse Gleichgültigkeit der antiken wie modernen Nomaden ist vielfach beobachtet und beschrieben worden; S. Nyström, Beduinentum und Jahwismus; E. Gräf, Religiöse Bindungen im Rechtsbrauchtum der Beduinen. So stellt E. Gräf 46 fest, man könne das beduinische Rechtsleben »offensichtlich . . . nicht auf religiöse Motive zurückführen«, und betont 54, daß »die Wiederherstellung der gestörten Ordnung, des Gleichgewichtes, . . . eine profane Angelegenheit« sei und »die Prinzipien dieses Verfahrens ebenfalls profan; es gibt keine göttliche Strafe oder das Gebot etwa zusätzlicher Sühne wegen eines Rechtsanspruches der numinosen Macht«.

gewicht zu halten[35]. In welcher Weise das ius talionis dazu helfen kann, soll im Anschluß an E. Gräfs Überlegungen zum nomadischen Rechtsausgleich anschaulich gemacht werden[36]: P_a und P_b seien die Rechtspotentiale[37] zweier Personen; da nun nicht alle Rechtspotentiale gleich groß sein werden, handelt es sich nicht um die Erhaltung der Gleichung $P_a = P_b$, sondern es gilt

$$P_a = y \cdot P_b$$

wobei die Änderung des Faktors y mit ungesetzlichen Mitteln verhütet werden muß. Nehmen wir nun an, daß durch eine im Streit zwischen A und B entstandene Handverletzung des B dieses Verhältnis gestört wurde, daß nämlich jetzt das Rechtspotential des B um eine Hand geringer ist:

$$P_a > y \cdot (P_b - \text{eine Hand})$$

so kann das Gleichgewicht in der Weise wiederhergestellt werden, daß dem A ebenfalls eine Handverletzung zugefügt wird:

$$(P_a - \text{eine Hand}) = y \cdot (P_b - \text{eine Hand}).$$

Freilich könnte nun aber gerade aus dieser Auffassung des ius talionis die Notwendigkeit herausgelesen werden, doch mit A. Alt Gottes Anspruch in Rechnung zu stellen; sollten denn diejenigen, die durch diese oder eine ähnliche Überlegung zum ius talionis geführt worden sind, wenn sie schon bis zur Notwendigkeit des Gleichgewichtes der Rechtspotentiale dachten, nicht auch bemerkt haben, daß bei dieser Form des Rechtsausgleiches zwischen zwei Gliedern der Gemeinschaft jeder weitere Teilnehmer der »lachende Dritte« ist? Hätte dann der Geschädigte nicht eher auf eine finanzielle Wiedergutmachung drängen sollen? Was hat ihn davon abgehalten — eine theologische Überlegung, wie sie A. Alt annimmt[38], oder aber außerreligiöse Gegebenheiten seines Lebensbereiches?

Das Zweite ist das Näherliegendere, denn der obige Einwand steht und fällt ja damit, daß während des Rechtsausgleiches ein oder mehrere weitere Glieder der Gemeinschaft in Reichweite sind und sich dadurch zur Berücksichtigung aufdrängen. Ob das aber in dem zu bestimmenden Lebensbereich der Talionsformel der Fall war, steht

---

[35] Vgl. D. Daube, Studies in Biblical Law, 128; speziell zur Bedeutung des Gleichgewichtes zwischen den Sippen im nomadischen Recht auch S. Nyström 8; E. Gräf 41 und öfter.

[36] Vgl. E. Gräf, Das Rechtswesen der heutigen Beduinen, 109 ff., zur Berechnung des Schadensausgleiches in der gruppenbezogenen Rechtspflege.

[37] Gemeint ist damit die Summe aller im Gemeinschaftsleben wirksamen Merkmale der Person.

[38] Zur Talionsformel 343.

nicht fest; es gilt dies zwar gewiß für die städtische Kultur, nicht aber ohne weiteres auch für den anderen Lebensbereich der altorientalischen Zivilisation, die Wüste. Mit was für einer niedrigen Bevölkerungsdichte wir dort zu rechnen haben, zeigen die modernen Zahlen. Unter diesen Umständen rückt die Möglichkeit, daß jederzeit ein dritter Teilnehmer in Reichweite ist, fern; wurde er nicht in Rechnung gestellt, so entsprach das den praktischen Erfahrungen.

Selbstverständlich haben aber die Nomaden oder Halbnomaden auch in der Zeit des Alten Orientes nicht allein, sondern in Familien und Sippen gelebt, innerhalb deren die faktische Bevölkerungsdichte dann eben doch der der seßhaften Kultur ähnlich gewesen sein dürfte. Das ius talionis ist deshalb als in diesen Gruppen entstanden schlecht vorstellbar[39], wir werden es hier mit einer Rechtsnorm zu tun haben, die zwischen den einzelnen Gemeinschaften gegolten hat, das heißt einem Intergentalrecht[40]. Seinem hohen Alter und seiner Herkunft aus dem nomadischen Erbe Israels wird es zuzuschreiben sein, daß dieser Rest eines Intergentalrechtes in die kanonische Literatur des AT aufgenommen worden ist.

Diese Hypothese läßt sich durch einen Vergleich mit dem CH stützen: Soweit wir das Rechtsleben im Zweistromland kennen, tritt das ius talionis bei Körperverletzungen hier zum ersten Mal auf[41]. Der geistige Vater des CH aber ist Nachkomme einer westsemitischen Einwandererschicht, die in Babylonien an die Macht gelangte[42], und zu deren Kulturerbe offenbar auch das ius talionis gehörte. So wird das ius talionis im AT und das im CH[43] ein und dieselbe Quelle haben: das westsemitische Nomadentum[44].

[39] Von der Entstehung ist die Praktizierung insofern zu unterscheiden, als wir damit zu rechnen haben, daß aus einer gewissen Traditionsgebundenheit heraus Rechtsnormen zuweilen auch unter Verhältnissen angewendet wurden und werden, die ihrem Wesen nicht entsprechen.

[40] Dieses Intergentalrecht muß sich mit dem innerhalb der Sippen geltenden Recht nicht gedeckt haben; vgl. die Unterscheidung von personen- und gruppenbezogener Justiz bei E. Gräf a. a. O. 40f.

[41] Diese Feststellung ist freilich dadurch mit einer gewissen Unsicherheit behaftet, daß wir nur etwa ein Viertel des CL kennen, in einem der erhaltenen Paragraphen aber ius talionis bei der Bestrafung einer unbeweisbaren Anklage verwendet wird, was nicht ausschließt, daß vielleicht auch Körperverletzungen so entschieden worden sind.

[42] H. Schmökel, Geschichte des alten Vorderasien, 106ff.

[43] Nun könnte aber als Gegenargument gegen die Deutung des ius talionis als Intergentalrecht angeführt werden, daß dieses sowohl im CH wie auch im AT als Strafrechtsnorm des Privatrechts verwendet wird; doch hier scheint der erste Eindruck zu trügen: Im AT sind die Belegstellen für das ius talionis viel zu sekundär, als daß wir daraus Schlußfolgerungen auf eine forensische Gültigkeit im klassischen Israel ziehen könnten, so weist auch G. von Rad, Theologie des Alten Testaments, I 216

Anm. 28, mit Recht darauf hin, daß »die volkstümliche Meinung, dieses 'Auge um Auge, Zahn um Zahn' enthalte geradezu das Grundprinzip alttestamentlichen Rechtsdenkens, irrig ist«. Demgegenüber kann sich im CH eine tatsächlich geübte Rechtspraxis niedergeschlagen haben; doch auch hier muß eingeschränkt werden: Einmal gilt das ius talionis im CH nicht allgemein als Privatrecht, sondern nur unter den *awīlū*, nicht aber unter und im Blick auf *muškēnū* oder Sklaven; zum anderen zeigt gerade der CH im § 210 und öfter, daß das ius talionis nicht nur zum Ausgleich zwischen Privatpersonen, sondern auch zwischen den Familien verwendet worden ist, im Fall vom § 210 zum Ausgleich in der Zahl der weiblichen Familienmitglieder; mit diesen beiden Tatbeständen dürfte das ius talionis im CH selbst auf seine Vergangenheit als nomadisches Intergentalrecht hinweisen.

[44] Wenn die Talionsformel dem nomadischen Erbe zugeordnet werden muß, dann haben wir innerhalb ihrer Traditionsgeschichte eine Übersetzung ins Hebräische anzunehmen, vgl. G. Beer—R. Meyer, Hebräische Grammatik, I 19. Damit ließe es sich auch erklären, warum in der Belegstelle Dtn 19 21 das sonst verwendete *tăḫăt* durch *bᵉ* ersetzt ist: Es handelt sich hierbei um eine von den anderen unabhängig angefertigte und tradierte Übersetzung. Vgl. dazu auch unten 48 Anm. 7.

II. Die *môt-jûmat*-Reihe[1]

A. Alt hat aus Ex 21 12. 15-17 22 18-19 31 14-15 Lev 20 2. 9-16. 27 24 16-17 und 27 29 eine Reihe — wie er sagt — apodiktischer Rechtssätze rekonstruiert[2]; über die von ihm markierten Splitter hinaus schlägt H. Graf Reventlow die Einbeziehung von Dtn 21 18-22 22 22 und 24 7 vor[3]; und schließlich bieten sich formal noch Gen 26 11 Ex 19 12 Num 1 51 3 10 und 38 15 32-36 17 28 sowie 18 7 zur Wiederherstellung dieser Reihe an[4].

Im Gegensatz zur Talionsformel ist nun hier tatsächlich eine Rekonstruktion notwendig, denn wenn wir mit der Existenz der von A. Alt vermuteten Reihe rechnen, dann ist die israelitische Literaturgeschichte offenbar an einem großen Teil des genannten Materials nicht spurlos vorübergegangen, so daß manche Sätze in der uns heute vorliegenden Gestalt von dem unten im Anschluß an A. Alt beschriebenen Prototyp ganz erheblich abweichen. Sie lassen sich zwar mit literarkritischen Mitteln auf die zu erwartende Form zurückführen; doch wird als erstes zu entscheiden sein, welche Sätze unter dem vorgeschlagenen Material wirklich einstmals zu dieser Reihe gehört haben, welche dagegen erst später diesem Stil angeglichen oder nachgebildet worden sind[5] und welche schließlich niemals dazugehört oder auch nur in der literarischen Nähe der *môt-jûmat*-Reihe gestanden haben, sich also nur zufällig rekonstruieren lassen.

Es ist bereits A. Alt aufgefallen, daß die Sätze der *môt-jûmat*-Reihe an ihren beiden Hauptbelegstellen Ex 21 und Lev 20 in Blöcken auftreten[6]. Darüber hinaus sieht es in Ex 21 so aus, als passe nur der erste Satz so richtig an die Stelle, an der die vier Paragraphen jetzt stehen. Auch wenn der betreffende Abschnitt in dem Kodex Ex 21 2—22 16 zerstört ist und unter Umständen einige Paragraphen

---

[1] So zum ersten Male bei K. Rabast a. a. O.

[2] Die Ursprünge des israelitischen Rechts.

[3] Gebot und Predigt im Dekalog.

[4] Auch H. Schulz, Das Todesrecht im Alten Testament, 75, rechnet mit der »Existenz der vollständig oder fragmentarisch erhaltenen Reihe Ex 21 12. 15-17 auch unabhängig vom BB und dessen Rechtsformen«, bezieht jedoch ein wesentlich umfangreicheres Beobachtungsmaterial gleichberechtigt in seine Untersuchung ein. Da die Gruppe der »môt-Sätze« doch recht heterogen ist, soll hier der A. Altsche Ansatz beibehalten und weitergeführt werden, der mit einer eng umgrenzten Reihe rechnet.

[5] Diesen Verdacht hatte schon A. Alt 312 im Blick auf Lev 20 2.

[6] 311 f.

ausgefallen sind, so kann aus dem Inhalt der Rechtssätze ab Ex 21 18 doch geschlossen werden, daß sich die Paragraphen der Lücke mit Mord und Totschlag und vielleicht einigen Körperverletzungen befaßt haben werden. Hierzu paßt Ex 21 12 als Substitution ausgezeichnet; dagegen stören die anderen drei Sätze — tätlicher Angriff auf die Eltern, Menschenraub und Nichtachtung der Eltern — den logischen Aufbau. Da man nun in solchen Fällen nicht gern mit einem Irrtum rechnet, der dem Redaktor unterlaufen sein könnte, läßt sich das Vorkommen der drei Sätze an dieser so unpassenden Stelle nur in der Weise erklären, daß sie mit dem ersten so fest zusammengehörten, daß der Bearbeiter von Ex 21 sie nach der Niederschrift von v. 12 zwangsläufig mit dazusetzen und sich vielleicht sogar zwingen mußte, es mit der Wiedergabe seiner Vorlage in v. 17 bewenden zu lassen, weil die dann folgenden Paragraphen inhaltlich noch weniger zum Thema paßten[7]. Wenn diese Deutung richtig ist, kann der feste Zusammenhalt der einzelnen Sätze in der Überlieferungsgeschichte ein Kriterium für den ehemaligen Bestand der *môt-jûmat*-Reihe abgeben.

Dazu kommt nun, daß sich diese beiden Hauptbelegstellen gegenseitig stützen und ergänzen:

$$
\begin{array}{ll}
\text{Ex 21 12} & = \text{Lev 24 17 und 21} \\
\text{Ex 21 15}^{8} & \\
\text{Ex 21 16} & = \text{Dtn 24 7} \\
\text{Ex 21 17} = \text{Lev 20 9} & \\
\qquad\quad \text{Lev 20 10} & \\
\qquad\quad \text{Lev 20 11} & \\
\qquad\quad \text{Lev 20 12} & \\
\qquad\quad \text{Lev 20 13} & \\
\qquad\quad \text{Lev 20 14} & \\
\text{Ex 22 18} = \text{Lev 20 15} &
\end{array}
$$

Sollten diese beiden Beobachtungen als zufällig zu verstehen sein? G. Fohrer, der dazu schreibt: »Da diese Sätze sich nicht nur ergänzen, sondern teilweise auch überschneiden, läßt sich nicht sicher feststellen, welche zur ursprünglichen Reihe gehören und welche nach diesem Muster später gebildet sind«[9], sieht die Sachlage wohl doch zu pessimistisch; wir meinen, gerade damit Indizien für den ursprünglichen Umfang der *môt-jûmat*-Reihe gefunden zu haben, denn es läßt sich zeigen, daß die oben dargelegten gegenseitigen Ergänzungen und

---

[7] A. Alt 310 spricht von »mitgerissen«.

[8] Ex 21 13-14 wird durch den Stil als eine relativ späte Interpolation ausgewiesen; vgl. zu dieser Argumentation H. Petschow, Zu den Stilformen antiker Gesetze und Rechtssammlungen.

[9] A. a. O. 72; er rekonstruiert als Reihe unter einem »vielleicht« Ex 22 19 Lev 24 16 Ex 21 12. 16-17 Lev 20 10-13. 15.

Überschneidungen einen anderen Charakter haben als die außerhalb des so markierten Bereiches[10].

Es wird also A. Alt zuzustimmen sein, wenn er mit einer fest umrissenen Reihe gerechnet hat, wenngleich sich auch nach den obigen Überlegungen anders, als er erwartet hatte[11], ein Umfang von 10 Sätzen ergibt. Diese Sätze müssen nun zum Teil rekonstruiert werden, um die einer Reihe entsprechende Einheitlichkeit zu erreichen, wobei wir mit A. Alt[12] annehmen, daß Ex 21 12. 15 und 17 den Stil der Reihe unverfälscht erhalten haben: ein Partizip, mit dem der Rechtskasus begonnen wird[13], die Rechtsfolge *môt jûmat* sowie eine Satzlänge von fünf Wörtern[14].

---

[10] An Ex 22 18 schließt sich ein vollkommen anders gebauter Satz an, den A. Alt 311 aber zur Reihe rechnet und der Struktur von Ex 21 12 anpassen will; daran erinnert hier jedoch nur das Partizip, so daß in dem rekonstruierten *zobeᵃḥ le'lohîm 'ᵃḥerîm môt jûmat* 60% gegenüber dem masoretischen Text verändert oder ergänzt ist. Die Rekonstruktion wird freilich durch den Septuagintatext gestützt. Nur fehlt hierzu nach Lev 20 15 (als Parallele zu Ex 22 18) eine Parallele, das heißt: Ex 22 19 läßt sich nur zufällig rekonstruieren, was unter gewissen Umständen auch von Lev 20 16 gilt, vgl. dazu unten 22; der Zusammenhalt der Sätze bricht aber deutlich mit Ex 22 18 = Lev 20 15 ab. Anders H. Schulz 58ff., der »das ganze Stück Ex 22 17-19 ... als Teil einer gegen Götzendienst verschiedener Art gerichteten Reihe« ansieht, vgl. unten 22 Anm. 34. Schwieriger ist die Entscheidung am Anfang: Lev 24 17 ist ein Satz vorangestellt, der nicht konjiziert zu werden braucht, und der im jetzigen Kontext literarisch primär ist, denn er gehört inhaltlich zur Rahmenerzählung, so daß es so aussieht, als wäre v. 17 daran attrahiert worden. Wollten wir diese Stelle mit H. Schulz 43 damit erklären, daß die beiden Sätze als Bruchstück der Reihe so eng zusammen gehörten, daß sie den Redaktor bewogen haben, sie nebeneinander niederzuschreiben, dann wäre es verwunderlich, daß der erste stilistisch rein erhalten geblieben, der zweite aber stark verändert worden ist. Die beiden Sätze werden vielmehr zwei verschiedenen Quellen entnommen worden sein, als der Redaktor Rechtsnormen sammelte, deren Gültigkeit sowohl für den *ger* als auch für den *'æzraḥ* betont werden sollte; der zweite, doch sicher ein Satz der *môt-jûmat*-Reihe, hat sich im Laufe der Zeit vom Stil dieser Reihe entfernt, weil er in Kontexten mit den unterschiedlichsten Stilformen zitiert worden ist und dabei jeweils als ein Fremdkörper aufgefaßt wurde, der eigentlich hätte assimiliert werden müssen, was aber nur teilweise geschehen ist; der erste dagegen wird wesentlich jünger sein, er ist der *môt-jûmat*-Reihe nachgebildet worden, seiner geringeren Herkunft wegen seltener verwendet und dadurch weniger Gefahren ausgesetzt gewesen. So wird in Ex 21 12 = Lev 24 17 der ursprüngliche Anfang der *môt-jûmat*-Reihe liegen.

[11] 312.

[12] 308 und 310.

[13] Derartige Partizipialkonstruktionen sind, abgesehen von ihrer Verwendung in der Gattung Hymnus, im Hebräischen nicht gerade beliebt, worauf es sicher auch zurückzuführen ist, daß die Zitate der *môt-jûmat*-Reihe in Lev und Dtn durchweg stilistisch angeglichen worden sind: in Lev 20 anstelle des part. *'îš 'ᵃšær* mit impf., lediglich in Lev 20 9 *kî 'îš 'îš 'ᵃšær* mit impf.; in Lev 24 *'îš kî* mit impf.; in

Danach haben wir mit folgender Urgestalt der *môt-jûmat*-Reihe
zu rechnen:

§ 1　(Ex 21 12 = Lev 24 17 und 21)[15]
　　măkkē 'îš wamet môt jûmat

§ 2　(Ex 21 15)[16]
　　măkkē 'abîw we'immô môt jûmat

§ 3[17]　(Ex 21 16 = Dtn 24 7)[18]
　　goneb 'îš/næpæš ûmekarô môt jûmat

§ 4　(Ex 21 17 = Lev 20 9)[19]
　　meqăllel 'abîw we'immô môt jûmat

Dtn 22 und Dtn 24 *kî jimmaṣe' 'îš* mit folgendem part. Eine wesentlich andere
Bedeutung kommt dem Partizip jedoch im Aramäischen zu, das in den modernen
Dialekten zu seinen Gunsten fast ganz auf das finite Verb verzichtet hat. So kann
man durchaus zu dem Eindruck gelangen, hier läge eine wortwörtlich angefertigte
Übersetzung aus dem Aramäischen vor.

[14] Ob hier, wie A. Alt 308 gemeint hat, ein Metrum vorliegt oder nicht, ist für unser
Problem nicht entscheidend; um gebundene Sprache handelt es sich in jedem Fall.

[15] Zu Lev 24 17 vgl. oben 18 Anm. 13, das part. ist in v. 21 noch erhalten; der Septuaginta liegt in v. 21 offenbar ein *ûmăkkē 'adam wamet môt jûmat* zugrunde, das bis
auf das *'adam* mit Ex 21 12 identisch ist, jedoch ist dem *'îš* der Vorzug zu geben, da
'adam nach C. F. Jean—J. Hoftijzer nicht im Aramäischen belegt ist. Die Erweiterung von Lev 24 17 durch *kål næpæš* wird aus der Absicht des Kontextes zu erklären
sein, Gleichheit vor dem Gesetz für *'æzraḥ* und *ger* zu unterstreichen.

[16] H. Schulz 51 f. erwägt, ob nicht Ex 21 15 v. 12 nachgebildet sein könnte; das scheint
aber doch nicht der Fall zu sein, denn v. 15 behandelt eben doch, insoweit hier nicht
von *wamet* die Rede ist, ausdrücklich einen anderen Rechtsfall, zumal auch Rechtsverhältnisse innerhalb der Familie stets als besonders gelagert anzusehen sind, und
überdies ergibt sich eine »doppelte Stichwortassoziation« nur aus dem doch wohl
sekundären Septuagintatext, vgl. dazu die folgende Anmerkung.

[17] So die Reihenfolge im masoretischen Text; in der Septuaginta sind die beiden folgenden Paragraphen vertauscht, so daß — systematisch gewiß günstiger — die beiden Rechtssätze, die sich mit Delikten gegenüber den Eltern befassen, nebeneinander
zu stehen kommen. Nach dem Schema der Ergänzungen und Überschneidungen
oben 17 zu urteilen, muß die Reihenfolge in der griechischen Übersetzung aber doch
als sekundär angesehen werden.

[18] Das *ûmet* in Dtn 24 7 wird durch Umstellung der ersten beiden Buchstaben aus
môt entstanden sein, danach war der Text nicht mehr eindeutig, denn man konnte
wamet ja auch zum Rechtskasus rechnen, was zur Einfügung der Subjektwieder-
aufnahme geführt haben mag; zu streichen sind die aus dem Dtn gut bekannten
Glossen, vgl. ferner oben 18 Anm. 13. In Ex 21 16 kann sinnvoll allein *wenimṣa' bejadô*
gestrichen werden, das in Dtn 24 7 fehlt. Da *'îš* wie *næpæš* aramäisch belegt sind,
läßt sich der ursprüngliche Wortlaut an dieser Stelle nicht entscheiden.

[19] Vgl. oben 18 Anm. 13; A. Alt 312 erklärt den bei den Zitaten der *môt-jûmat*-Reihe
in Lev 20 regelmäßig relativisch konstruierten Rechtskasus mit »dem Auflösungs-
prozeß, dem diese wie jede andere Gattung unterworfen war«, die Erklärung muß
aber doch wohl vordergründiger in der Nichtachtung einer gattungsbedingten Form

2*

§ 5 (Lev 20 10)[20]
  no'ep 'eśæt re'ehû môt jûmat

§ 6 (Lev 20 11)[21]
  šokeb 'eśæt 'abîw môt jûmat

§ 7 (Lev 20 12)[22]
  šokeb kăllatô môt jûmat

---

bei der Übernahme einer literarischen Größe in einen ihr fremden Kontext gesehen werden; C. Feucht 22 stellt die hier zur Diskussion stehenden Sätze aus Lev 20 denen in Ex 21 als eine eigene »Stilart« gegenüber, sie werden aber in Wahrheit nur eine jüngere Stufe der Überlieferung repräsentieren, denn die von C. Feucht genannten Unterschiede sind nicht so trennend wie die Synopse oben 17 verbindend. Zu den Glossen und Formeln in Lev 20 vgl. H. Graf Reventlow, Das Heiligkeitsgesetz formgeschichtlich untersucht, 82 ff.; sie werden hier und in den folgenden Paragraphen stillschweigend gestrichen. Gestrichen werden in Lev 20 9-14 auch die Akkusativpartikeln, die ebenfalls einer jüngeren Überlieferungsstufe zuzuordnen sein werden.

[20] Vgl. die Korrektur des Schreibfehlers in BHK. H. Graf Reventlows Parallelstelle hierzu (Gebot und Predigt im Dekalog 61 f.) ist fragwürdig, denn nach Tilgung der entsprechenden formelhaften Wendungen erhalten wir diese Rechtsnorm mit einem völlig anderen Wortlaut: *šokeb 'iššā be'ulā môt jûmat*, wobei das *môt jûmat* ergänzt, *be'ulăt bă'ăl* zu *be'ulā* verkürzt und *'im*, obgleich es unten in § 10 sicher stehenbleiben muß, wie *'æt* gestrichen ist. Sollte es sich hier aber trotzdem um eine Parallele zu Lev 20 10 handeln, dann könnte sie nur als von Lev 20 10 unabhängige Übersetzung aus dem Aramäischen verstanden werden; der Text von Dtn 22 22 würde dann allerdings eine ältere Gestalt repräsentieren, da *n'p* nach L. Koehler—W. Baumgartner erst jüd.-aram. belegt ist und in diesen Dialekt sicher unter Einfluß des hebr. AT gekommen sein wird, ferner *r'* nach C. F. Jean—J. Hoftijzer erst reichsaram. belegt werden kann.

[21] Schon für Lev 20 10 bieten die ältesten Übersetzungen des hebräischen Textes eine Rechtsfolge im Plural, die auf ein hebräisches *môt jûmetû* zurückgehen wird, das wir dann Lev 20 11-13 auch im masoretischen Text finden. Dieser Plural durchbricht den grammatischen Aufbau der Sätze, die ja doch mit einem singularischen Subjekt beginnen, weshalb denn auch außer in Lev 20 13 durch die Redaktion ein neues Subjekt in die Sätze eingebaut worden ist. Offensichtlich soll dadurch dem Rechtswillen Ausdruck verliehen werden, daß sich beide an der Unzucht Beteiligten in gleicher Weise strafbar gemacht haben. Diese Frage liegt aber außerhalb des Interesses der *môt-jûmat*-Reihe, in derem knappen Stil das auch gar nicht ausdrückbar gewesen wäre; es handelt sich hier demnach um einen Eingriff in die Zitate der *môt-jûmat*-Reihe, der zugleich zeigt, daß tatsächlich Zitate vorliegen. So ähnlich schon A. Alt 312; H. Graf Reventlow a.a.O. 84 schließt hieraus auf eine Rechtsentwicklung durch die Prediger, was insofern nicht zwingend ist, als diese seiner Meinung nach »neue Praxis« durchaus schon früher gegolten haben könnte, nur lag es eben weder in der Möglichkeit noch in der Absicht der *môt-jûmat*-Reihe, das auszudrücken.

[22] Die gewünschte Länge von fünf Wörtern ist im hebräischen Text nicht zu erreichen, da jedoch *kăllā* nach L. Koehler—W. Baumgartner erst jüd.-aram. belegt werden kann, was auf den Einfluß des hebr. AT zurückzuführen sein wird, könnte in der aramäischen Vorlage etwa mit einem *'ăntăt bereh* gerechnet werden.

§ 8 (Lev 20 13)[23]
šokeb zakar miškᵉbê 'iššā môt jûmat

§ 9 (Lev 20 14)[24]
loqeᵃḥ 'iššā wᵉ'immā môt jûmat

§ 10 (Ex 22 18 = Lev 20 15)[25]
šokeb 'im bᵉhemā/noten šᵉkåbtô bibhemā môt jûmat

Das übrige Material, das sich auf den ersten Blick zur Rekonstruktion der *môt-jûmat*-Reihe ebenfalls anbietet, unterscheidet sich nun in mehrfacher Hinsicht von den Sätzen dieser Reihe:

1. Bei Gen 26 11[26] Ex 19 12[27] Ex 31 14-15 (einschließlich 35 2)[28]

---

[23] Die zu erwartende Länge ließe sich durch den Ersatz des *miškᵉbê 'iššā* durch *kᵉ'iššā* erreichen.

[24] Lev 20 14 hat in seiner masoretischen Gestalt eine Rechtsfolge, die die Art und Weise der Todesstrafe, nämlich durch Verbrennen, angibt. Das *môt jûmat* wird zu rekonstruieren sein, da in v. 16 ein *môt jûmatû* deutlich überflüssig ist, ist doch hier die Rechtsfolge durch *wᵉharăgta 'æt ha'iššā wᵉ'æt håbbᵉhemā* ausreichend dargelegt; es wird sich um ein Schreiberversehen handeln: Das *môt jûmat* war in v. 14 ausgelassen und dann in v. 16 als einer einigermaßen passenden Stelle nachgetragen worden.

[25] In Ex 22 18 wird nach A. Alt 311 Anm. 1 gestrichen. Die wesentlichen Unterschiede im Wortschatz der beiden Belegstellen lassen sich wieder als voneinander unabhängige Übersetzungen deuten; welche von beiden dem aramäischen Text näher steht, ist schwer zu sagen, Lev 20 15 erscheint gekünstelt, so daß man den Eindruck gewinnen könnte, die eigentümliche Konstruktion sei bei der Übersetzung deshalb gewählt worden, damit sich diese Perversität von den anderen sexuellen Vergehen auch sprachlich abhebt.

[26] Dazu ausführlich H. Schulz 95 ff. Es ist die Frage, ob es sich hier, wie H. Schulz 106 annimmt, um einen »vorgegebenen Rechtssatz« handelt, oder ob dieser Satz nicht vielmehr mit seinem gegenwärtigen Kontext zusammen entstanden ist; in beiden Fällen läßt sich der Einfluß der *môt-jûmat*-Reihe und ihres Stiles nicht abstreiten; es ist durchaus denkbar, daß Asylgewährungserlässe in der Form
nogeᵃᶜ ba'îš ûbᵉ'ištô môt jûmat
gegeben worden sind. Dazu auch unten Absatz 3.

[27] Die Stelle zeigt deutlich, daß mit *môt jûmat* ein forensisches Todesurteil gemeint ist. Vgl. dazu unten Absatz 3.

[28] Aus Ex 31 14-15 und einem ähnlichen Splitter in Ex 35 2 kann man ein
ᶜośē mᵉla'kā båššåbbat môt jûmat
rekonstruieren, wobei nach A. Alt 311 Anm. 3 *bᵉjôm håš-* durch *båš-* ersetzt ist; so auch H. Schulz 56, der diesen Satz für unter Umständen jünger als die »*môt*-Sätze des BB« hält, 58. Damit ist zu vergleichen die Erzählung Num 15 32ff., die einen Rechtssatz
mᵉqošeš 'eṣîm båššåbbat môt jûmat
nahelegt; auf eine gemeinsame Grundform lassen sich diese beiden Sätze nicht zurückführen. Im übrigen fragt man sich, warum denn in Num 15 32ff. nicht der allgemeinere Satz Ex 31 15 zitiert worden ist, unter den sich der vorliegende Fall ja hätte subsumieren lassen, anscheinend war Ex 31 15 nicht bekannt, so daß wir beide Sätze als relativ junge Analogiebildungen zur *môt-jûmat*-Reihe ansehen dürfen.

Lev 20 2²⁹˙ ³⁰ Lev 20 27 (einschließlich 20 6)³¹ Lev 27 29³² sowie Num
1 51 3 10 und 38 17 28 und 18 7³³ fehlt der für die Splitter der *môt-
jûmat*-Reihe charakteristische Zusammenhalt in der Überlieferungsgeschichte, was sich oben (18 Anm. 10) auch für Ex 22 17³⁴ Ex 22 19³⁵
Lev 20 16³⁶ und 24 16 herausgestellt hatte.

---

²⁹ R. Kilian, Literarkritische und formgeschichtliche Untersuchung des Heiligkeitsgesetzes, 71ff., rekonstruiert ohne auf Ex 21 und 22 einzugehen die *môt-jûmat*-
Reihe überhaupt nur aus Sätzen, die in Lev 20 vorliegen: v. 2. 27. 9-13. 15.

³⁰ Zu dem Versuch, diesen Satz — etwa *noten mizzăr'ô lămmolæk môt jûmat* — histo-
risch einzuordnen, vgl. R. Kilian 67.

³¹ Das *jihjæ bahæm* läßt sich schwer in das obligatorische Partizip verwandeln; vor
allem aber wird hier doch wohl kein Delikt, das unter Todesstrafe stehen könnte,
sondern eher ein parapsychologischer Habitus beschrieben, doch steht und fällt
dieser Einwand mit der Übersetzung von *'ôb*, vgl. dazu auch C. Rabin 113f., der *'ôb*
neben hethitisch *a-a-pi* »sacrifical pit« stellt. Mit dem Verb aus v. 6 ließe sich ein
ponē ha'ôb wᵉhăjjiddᵉ'onî môt jûmat bilden. Dazu auch unten Absatz 2.

³² Dazu ausführlich H. Schulz 41; wollte man den A. Altschen Vorschlag doch aus-
führen, müßte anders als bei ihm (312) ein *podē heræm minha'adam môt jûmat*
angesetzt werden, denn auch bei Lev 27 29 handelt es sich wie in Lev 20 27 nicht
um ein Delikt, sondern um eine von außen herangetragene kultische Eigenschaft.

³³ In diesen Sätzen, die das Herantreten an den *miškan, miqdaš* oder *mizbeᵃḥ* unter
Todesstrafe stellen, ist als Rechtsfolge nur *jûmat* abgegeben, bei Num 17 28 aller-
dings nur im samaritanischen Text, sonst *jamût*, aber vielleicht ist in diesem einen
Fall gar nicht an eine Strafe, sondern an eine automatisch durch die Anwesenheit
Gottes wirkende Vernichtung gedacht; anzusetzen wäre ein *qareb miškan/miqdaš/
mizbeᵃḥ jăhwæ môt jûmat*.

³⁴ Da der Zusammenhang »deutlich Reihenbildung« zeige, eine Partizipialform in dem
Satz vorkomme und eine Norm dieses Inhalts nach seinem Ansatz sich im AT
finden möchte, rekonstruiert H. Schulz 60 im Anschluß an M. Noth *mᵉkăssepā môt
jûmat*, wobei er offenläßt, ob nicht dieser Rechtssatz noch andere Partizipien enthalten haben könne. Vgl. dazu unten Absatz 2.

³⁵ Trotz unten Absatz 2 liegt es nahe, einen *môt-jûmat*-Satz aus Ex 22 19 zu rekonstruieren, da das durch den Septuagintatext gestützt würde. Allerdings muß dem
tanato oletreutäsetai nicht unbedingt ein hebräisches *môt jûmat* zugrunde liegen;
die häufigste griechische Übersetzung ist vielmehr in der Septuaginta *tanato tana-
tusto(san)* (Ex 21 12. 15 Lev 20 9-12. 13 ohne *tanato*, 15, Lev 24 17. 21, wobei in v. 21
im masoretischen Text *môt* fehlt; sowie außerhalb des Bestandes der *môt-jûmat*-
Reihe in Lev 20 2. 16. 27 24 16 und Num 15 35), damit ist verwandt *tanato tanato-
täsetai* in Ex 31 14-15, seltener sind Zusammensetzungen mit einem wurzelfremden
Verb wie *tanato teleutato* (Ex 21 16), *teleútēsei tanato* (Ex 21 17), *tanato apokteneite*
(Ex 22 18), wozu auch das *apokteneite* in Dtn 22 22 gehören wird, an dessen Stelle im
masoretischen Text *ûmetû* steht, sowie außerhalb der Reihe *tanato teleutäsetai* (Ex
19 12) und *tanatu enochos estai* (Gen 26 11). *Môt jûmat* war den Übersetzern also nicht
als feststehende Formel bekannt, so daß sie es lediglich dort gleich oder ähnlich übersetzt haben, wo es mehrmals hinter einander vorkam.

³⁶ Der Satz ist sicher eine Neubildung im Anschluß an v. 15, zumal auch das *môt jûmat* un-
verhältnismäßig weit durch formelhafte Wendungen vom Rechtskasus getrennt steht.

2. Ex 22 17 und 19 Lev 20 16 Lev 20 27 (einschließlich v. 6) Lev 27 29 und Dtn 21 18-21[37] lassen sich nur durch größere Eingriffe in den Wortbestand und Sinn dem Stil der *môt-jûmat*-Reihe angleichen.

3. Deutlich situationsgebunden und insofern von dem allgemeingültigen Charakter der *môt-jûmat*-Reihe unterschieden sind Gen 26 11 und Ex 19 12.

4. Der große Teil dieser Materialien ist nun aber auch noch dadurch von der *môt-jûmat*-Reihe inhaltlich geschieden, als es sich um irgendwie sakral bedeutsame Delikte handelt:

Ex 19 12	unbefugtes Betreten eines sakralen Bezirkes
Ex 22 17	Zauberei
Ex 22 19	illegitimer Opferkult
Ex 31 14-15	Verletzung der Sabbatruhe
Lev 20 2	*molæk*-Opferkult
Lev 20 6. 27	Befragung oder Besitz von *'ôb* und *jidde'onî*
Lev 24 16	Blasphemie
Lev 27 29	Loskauf eines *ḥeræm*
Num 1 51 usw.	unbefugtes Betreten eines sakralen Bezirkes.

Ein solcher Fall findet sich in der *môt-jûmat*-Reihe nicht[38], sie ist auf kriminelle Delikte beschränkt, die eine kultische Relevanz vermissen lassen:

§ 1	Mord und Totschlag
§ 2	tätlicher Angriff auf die Eltern
§ 3	Menschenraub
§ 4	Nichtachtung der Eltern[38]

---

[37] In Dtn 21 18-21 sah bereits A. Alt 313 Anm. 1 eine Anwendung von Ex 21 17 bzw. Lev 20 9 ; H. Graf Reventlow, Gebot und Predigt im Dekalog, vermutet hinter dieser Erzählung sogar einen *môt-jûmat*-Satz, den er als *ben sorer ûmoræ môt jûmat* wiederherstellt. Dieser Satz folgt jedoch nicht dem Stil der Reihe, da die Partizipien hier als Attribute und nicht als Subjekt allein verwendet werden, und da nach H. Schulz 52 »im Obersatz des echten *môt*-Satzes nur fientische, keine Zustandsverben auftreten«. Darüber hinaus ist der gemeinte juristische Sachverhalt bereits im § 4 der Reihe behandelt, wogegen dieser Satz nicht nur entbehrlich, sondern auch weniger klar erscheint.

[38] Solange *qillel* mit »verfluchen« übersetzt wird, so auch noch H. Schulz 52, liegt in Ex 21 17 und Lev 20 9 ein sakrales oder doch wenigstens magisches Element; »verfluchen« ist aber offensichtlich nicht die Grundbedeutung dieses Wortes, nach L. Koehler—W. Baumgartner ist *qalā* als Nebenform zu *qalǎl* zu betrachten, und dazu schreibt G. von Rad, ATD 8, 120: »ḳala (hi) . . . bedeutet eigentlich nicht 'verfluchen', sondern 'als verächtlich, als verflucht ansehen und behandeln' . . .«, was auch für das faktitive pi. von *qalǎl* gelten wird; vgl. zum Fluch allgemein W. Schottroff, zusammenfassend 231 f. Gemeint sein wird hier die gewöhnlich in keilschriftlichen Adoptionsverträgen monierte Nichtachtung der Eltern, vgl. *adi* ᶠ*Ina-Uruk*ᴷᴵ-*rišat balṭatu* ᶠ*Eṭirtum ipallaḥši*, bei H. V. Hilprecht, The Babylonian Expedition of the University of Pennsylvania, Band XIV Text 40.

§ 5	Geschlechtsverkehr mit der Frau eines anderen
§ 6	Geschlechtsverkehr mit einer Frau des Vaters
§ 7	Geschlechtsverkehr mit der Schwiegertochter
§ 8	homosexueller Geschlechtsverkehr unter Männern
§ 9	Geschlechtsverkehr mit einer Frau und zugleich mit deren Mutter
§ 10	Sodomie.

Wenn wir jedoch die *môt-jûmat*-Reihe bisher als Rechtstext angesehen haben, so wurde dabei verschwiegen, daß gerade das mehrfach und von zwei Seiten her bestritten worden ist, wobei beide Positionen von A. Alts Charakterisierung des apodiktischen Rechts, zu dem er ja auch die *môt-jûmat*-Reihe rechnete, ausgehen:

I. A. Alt hatte den Eindruck, »daß nur das kasuistische Recht mit seinem Wenn und Aber in der konkreten Wirklichkeit des Rechtslebens wurzelt; für das apodiktische Recht aber folgt dann, daß es von außen in diese Wirklichkeit hineinredet«[39]. Das hat G. Fohrer präzisiert: »Die apodiktisch formulierten Sätze sollen das Begehen einer strafwürdigen Tat oder Unterlassung gerade von vornherein verhindern und gehen sachlich dem Recht voraus.«[40]

Das ist für die den Sätzen des Dekalogs ähnlichen Formulierungen sicher richtig[41], die *môt-jûmat*- sowie die in diesem Zusammenhang ebenfalls erwähnte 'arûr-Reihe dürften sich aber unter diese Definition nicht subsumieren lassen, denn sie stellen expressis verbis Delikte unter bestimmte Sanktionen, wobei es zunächst einmal gleichgültig ist, wie wir uns diese Sanktionen praktisch vorzustellen haben[42]. Von hier aus ist also kein Einwand gegen ein forensisches Verständnis der *môt-jûmat*-Reihe zu bringen.

II. Der andere Einwand gegen den forensischen Charakter der *môt-jûmat*-Reihe geht von der durch A. Alt betonten kultischen Relevanz des apodiktischen Rechts aus[43]. So übersetzt M. Noth die

---

[39] 324; die Wendung *môt jûmat* hält er dann aber doch für den Ausdruck einer Strafe, deren »Vollzug« »in den Händen der . . . Rechtsgemeinde liegen wird«, 313.
[40] 51.
[41] Vgl. dazu ausführlich H. Schulz, der davon ausgeht, daß eine Tat nur dann unter Sanktion gestellt werden kann, wenn sie zuvor verboten worden ist; so ordnet er Prohibitive und *môt-jûmat*-Sätze zueinander (71) und zieht aus dieser Zuordnung auch Schlüsse für die Ursprünglichkeit oder Nachbildung der einzelnen Sätze. Hierzu muß die Frage gestellt werden, ob denn nicht das AT in Wahrheit nur ein kleiner Ausschnitt aus dem geistigen Leben des klassischen Israels darstellt.
[42] So richtig C. Feucht 101: »Der Grundforderung, die eine Rechtsgemeinde an für sie verwendbare Bestimmungen stellen muß, entsprechen diese . . . Formulierungen jedoch genauso wie die Wenn-Formulierung: Beide enthalten eine klare Darstellung des Rechtsfalls und der Rechtsfolge.« Auch H. J. Boecker 143 ff. und W. Schottroff 126 verstehen die *môt-jûmat*-Sätze forensisch.
[43] 324.

Wendung *môt jûmat* zwar mit »er soll unbedingt getötet werden«, stellt jedoch dazu fest: »Im Unterschied vom kasuistischen Recht haben wir es jedoch ... nicht mit kodifiziertem Gewohnheitsrecht zu tun, sondern mit serienweisen Zusammenstellungen prägnanter Rechtssätze, die bei bestimmten kultischen Gelegenheiten als Gotteswille verkündigt wurden.«[44] Und an anderer Stelle: »Sie gehörten kaum in die Zuständigkeit der Rechtsgemeinde ..., sondern in die der Kultgemeinschaft; und bei deren Zusammentritten anläßlich vorgefallener Vergehen dürften die »Listen todeswürdiger Verbrechen« vor den Versammelten rezitiert worden sein.«[45] Diese kultische Relevanz der *môt-jûmat*-Reihe zu beweisen, hat R. Kilian versucht: Er vergleicht sie und die *'arûr*-Reihe mit ägyptischen Ächtungstexten aus der Zeit um 2000 v. Chr.; hier findet er eine gattungsmäßige Übereinstimmung sowohl im Blick auf die Form als auch im Inhalt, woraus er auf die »ursprüngliche Kultbezogenheit der Partizipialreihen« schließt; doch dieser Beweis kann nicht als gelungen bezeichnet werden[46].

[44] ATD 5, 145.

[45] ATD 6, 127; vgl. auch H. S. Cazelles Verständnis des *môt jûmat* als »Fluchwort«, »Todesverwünschung«, 123f.; F. Horst, Recht und Religion im Bereich des Alten Testaments, 261, nach dessen Meinung das *môt jûmat* »exkommunikative Wirkungen« aussprach.

[46] Vgl. dazu oben 10; so richtig vergleichen läßt sich mit der *môt-jûmat*-Reihe eigentlich nur der von R. Kilian 192 in deutscher Übersetzung gebotene Text, die anderen sind in Form und Inhalt wohl doch weiter von ihr entfernt, als daß sich ein Vergleich aufdrängen würde: Die Aufstellung der gattungsgeschichtlichen Komponenten deckt sich jedoch auch für diesenText nicht, wie wir oben hatten fordern müssen, in zwei der ja doch eben komplexen Größen mit der der *môt-jûmat*-Reihe; sollte auf den Sitz im Leben geschlossen werden, dann müßten sich Inhalt und Form der beiden Texte decken, das ist aber nur auf der Formseite der Fall:

		Inhalt		Situation	Form
	Protasis	Apodosis			
Ächtungs-texte	Namen	*mt* und magische Handlung		Analogie-zauber	eine Reihe von Sätzen gebundener Sprache
môt-jûmat-Reihe	kriminelle Delikte	*môt jûmat*		?	eine Reihe von Sätzen gebundener Sprache

Beim Inhalt könnte eine Identität behauptet werden, wenn man in der Protasis der Sätze der Ächtungstexte die Namen als elliptische Darstellung der von ihnen begangenen Delikte auffaßt; für eine Übereinstimmung in der Apodosis müßte offengelassen werden, ob nicht auch *môt jûmat* mit einer magischen Handlung verknüpft gewesen sein könnte; doch dadurch werden zwei Komponenten der gattungsge-

Eine Mittelstellung nimmt H. Graf Reventlow ein, der zwar von
Strafrecht spricht, aber zum Verständnis der Wendung *môt jûmat*
die »hier in Frage kommenden Formeln« heranzieht, mit denen sich
»vor allem schon von Rad und Zimmerli befaßt« haben: *ṣaddîq, raša'*
sowie die *hikrît*-Formel[47], und W. Zimmerli zitiert: »daß hinter diesen
Formulierungen primär nicht der Gedanke an einen menschlichen
Strafvollzug steht, sondern der Glaube an das geheimnisvoll frei
strafend wirkende Tun des Heiligen«[48]. Es ginge »um einen Bann,
um einen Fluch«, und es sei »eine urtümlichere Art der Strafe im
Blick, als einer säkularen, durch innermenschliche Rechtsprechung
geordneten Sphäre entspricht; der kultische Charakter ist der Rechtsordnung wie der Rechtsfolge noch inhärent«[49]. Als Rechtsbereich, in
dem die *môt-jûmat*-Reihe gegolten habe, nennt er das »Strafrecht der
israelitischen Amphiktyonie«[50]. Das alles steht und fällt damit, ob
môt jûmat mit den herangeführten Formeln verglichen werden kann,
und dieser Vergleich drängt sich ja nun nicht gerade auf. Auch von
da aus ist demnach kein Gegenargument gegen die forensische Deutung der *môt-jûmat*-Reihe ins Feld zu führen.

 Trotzdem soll nicht zu schnell dem Augenschein nachgegeben
werden, sondern es müssen weitere Argumente für eine ursprünglich
forensische Verwurzelung der *môt-jûmat*-Reihe beizubringen versucht
werden. Aus den Kontexten der einzelnen zur Rekonstruktion verwendeten Materialien läßt sich nichts gewinnen, da alle *môt-jûmat*-
Sätze in den gegenwärtigen Texten deutlich sekundär sind[51]. So
bleiben nur zwei Wege: Es muß gefragt werden, was denn *môt jûmat*
bedeutet. Und dann ist zu prüfen, ob die Paragraphen der rekonstruierten *môt-jûmat*-Reihe als Strafrechtsnormen im Rechtsleben
denkbar sind, insbesondere ob es dafür Parallelen in der altorientalischen Rechtsliteratur gibt, die zeigen, daß solche Delikte vor den
Gerichten verhandelt worden sind.

 Das erste: *môt jûmat* ist ein durch den inf. abs. qal verstärktes
impf. des ho., also ein pass. zum hi. Das hi. von *môt* bedeutet nach
L. Koehler »töten« und »hinrichten lassen«; demnach ist *môt jûmat*

---

schichtlichen Aufschlüsselung zu Unbekannten, so daß aus dem Vergleich der beiden
Texte keine Schlüsse mehr gezogen werden können. Vgl. dazu auch G. Fohrer 72.

[47] Kultisches Recht im Alten Testament 288.

[48] Die Eigenart der prophetischen Rede des Ezechiel 12.

[49] 289.

[50] 294.

[51] Deshalb kann hier die Bestimmung des Sitzes im Leben der »*môt*-Sätze« bei H. Schulz
111ff. nicht übernommen werden, denn Schulz geht dabei von Gen 26 1-11 aus, was
aus dem obigen Urteil vielleicht als einzige Stelle herausfällt, das aber bestenfalls
in stilistischer Nähe zur *môt-jûmat*-Reihe steht.

etymologisch und morphologisch betrachtet als »er soll (unbedingt) getötet werden«[52] wiederzugeben.

Diese Bestimmung brauchte aber nicht das letzte Wort zu haben, wenn ihr die Verwendung in den Texten widerspräche. Unter den oben besprochenen Belegstellen für *môt jûmat*, unter die sogar die Stellen aufgenommen worden waren, in denen sich diese Wendung auch nur mit einer gewissen Sicherheit ergänzen ließ, befindet sich aber nun nicht eine einzige, deren Inhalt die Meinung nahelegen könnte, es sei mit dem *môt jûmat* nicht an ein forensisches Urteil, sondern an einen der magischen oder göttlichen Sphäre überlassenen Strafvollzug gedacht[53]. Es bestehen also keine Bedenken, *môt jûmat* als term. techn. für ein Todesurteil aufzufassen. In welcher Weise dieses Urteil vollstreckt werden soll, ist, wie bei der prägnanten Kürze der *môt-jûmat*-Reihe auch nicht anders zu erwarten, nicht angegeben[54], doch auch in den stilistisch unvergleichbaren altorientalischen Rechtsquellen wird das Todesurteil sehr häufig nur in dieser Weise angedroht, ohne auf die Art und Weise näher einzugehen:

iddâk	=	präs. des N-Stammes, also eine schöne Parallele zu *jûmat*, CH § 1 und öfter; unkontrahiert als *idduak* in MaG A § 15.
imât	=	präs. des Grundstammes, wäre mit *jamût* zu vergleichen, LE §§ 12f. 24. 26. 28.
idukku(šu[nu])	=	präs. des Grundstammes, also die act. unpers. Variante zu *iddâk*, CH §§ 21. 210. 227. 230; MaG A §§ 3. 10. 12f. 23. 47. 50.

---

[52] so auch M. Noth, ATD 5; H. J. Boecker 144; die Übersetzung von H. Schulz 84: »(der) ist dem Tode verfallen« ist insofern unglücklich, als der Ausdruck »verfallen« die Wendung eben doch in die Nähe eines Fluches stellt, was er jedoch ausdrücklich verneint.

[53] Eine Ausnahme bildet Num 17 28, allerdings war hier die Wendung *môt jûmat* lediglich versuchsweise gemäß der Septuaginta aus Analogie zu Num 1 51 3 10. 38 sowie 18 7 ergänzt, im masoretischen Text geht die Passage auf *jamût* aus; insofern ist Num 17 28 beinahe eher ein Beleg dafür, daß man eine als selbstwirkend gedachte Strafe, wie sie H. Graf Reventlow im Anschluß an W. Zimmerli hinter *môt jûmat* vermutet, gerade nicht mit diesen Worten bezeichnet hat.

[54] Unter den Zitaten der *môt-jûmat*-Sätze finden sich einige Angaben im gegenwärtigen Kontext: In Lev 20 14, wo das *môt jûmat* wohl durch einen Schreibfehler ausgefallen ist, soll die Todesstrafe durch Verbrennen vollstreckt werden; diese Angabe kann versehentlich von einer später in Lev 20 aufgeführten Rechtsnorm hierher geraten sein, es kann sich aber auch um den Ersatz des durch den Schreibfehler ausgefallenen *môt jûmat* durch die Angabe über den Vollzug der Todesstrafe in echter Kenntnis der alten Praxis handeln. Zu den Sätzen, die nicht zum ursprünglichen Bestand der Reihe gehören, nennen Lev 20 6. 27 24 16 Num 15 32ff. und Dtn 21 18ff. — zum Teil freilich in den Rahmenerzählungen — als Vollzug des Urteils die Steinigung; Ex 19 12 bietet alternativ Steinigung oder Erschießung an.

aki(aš)	=	präs. act., entspricht dem *jamût* oder *imāt*, HG II §§ 23,2. 51. 55,2. 73f. 83. 85,1.

Diese allgemeine Wiedergabe des Todesurteils ist demnach als gesetzes-technische Regel anzusprechen.

Zweitens: Im Blick auf die Verwendbarkeit der *môt-jûmat*-Sätze im Prozeß hatten wir uns C. Feuchts Urteil angeschlossen[55]. Unge-achtet dieser stilistischen Tauglichkeit könnte es nun aber sein, daß sich die *môt-jûmat*-Reihe mit Vorfällen befaßt, die — entweder weil eine forensische Aufklärung praktisch nicht möglich oder weil eine forensische Aufklärung vielleicht sogar unnötig ist, da der Fall keinen Klageanspruch bedingt — aus der Zuständigkeit der Gerichtsbarkeit regelmäßig herausfallen, so daß wir zwangsläufig nach einem anderen Sitz im Leben suchen müßten[56]. Daß das aber nicht so ist, zeigen die Parallelen in der einschlägigen altorientalischen Rechtsliteratur:

§ 1 Daß der hier verhandelte Fall, soweit er nicht noch der privaten Blutrache überlassen ist, in die Zuständigkeit der Gerichtsbarkeit gehört, bedarf eigentlich keines Beweises; es kann trotz allem noch auf die hethitischen Parallelen in HG I §§ 1—5. 44a, KBo VI §§ II—III, geahndet mit per-sonellen und finanziellen Ersatzleistungen, verwiesen werden, allerdings handelt es sich dabei um tatbestandsmäßig differenzierte Spezialfälle von Tötungsdelikten. Der einfachste Fall wird in keiner der uns bekannten Sammlungen abgehandelt, das mag seinen Grund im Charakter der alt-orientalischen Kodifikation haben, die anscheinend immer auf Ergänzung aus war; wenn das aber so ist, dann suchen wir diesen Fall in den altorien-talischen Sammlungen auch vergeblich, er blieb als bekannt und unver-ändert unberücksichtigt.

§ 2 CH § 195 mit Verstümmelungsstrafe.

§ 3 CH § 14 mit Todesstrafe, CH § 24 mit finanzieller Entschädigung der Erben für den Fall, daß der Täter nicht ergriffen wird.

§ 4 hat in den uns bekannten Rechtssammlungen keine Parallele, zu vergleichen sind, wie oben (23 Anm. 38) erwähnt, Adoptionsverträge.

§ 5 CH §§ 129ff., geahndet mit Sanktionen unterschiedlicher Höhe bis zur Todesstrafe durch Ertränken; LE § 28 mit Todesstrafe für die beteiligte Frau; MaG A §§ 13f. mit Androhung der Todesstrafe beziehungsweise einer Strafe für die beteiligte Frau durch ihren Ehemann nach dessen Ermessen; HG II § 83 mit Todesstrafe.

§ 6 CH § 158 mit Androhung der Enterbung; HG II § 76,2, entschieden mit den Termini *ḫurkēl* bzw. *natta ḫarātar* je nachdem, ob der Vater noch lebt oder nicht.

§ 7 CH § 155 mit Todesstrafe durch Ertränken, § 156 mit finanzieller Ent-schädigung.

§ 8 MaG A § 20, bestraft durch Kastration.

---

[55] Vgl. oben 24 Anm. 42.

[56] A. Alt 312f.; auf diesen Einwand stoßen wir dann vor allem in der Literatur über die *'arûr*-Reihe.

§ 9 HG II § 81,3, entschieden mit dem Terminus *ḫurkēl*.

§ 10 HG II §§ 73f. 85 und 86a,1, vielfältig differenziert, entschieden mit den Termini *ḫurkēl* bzw. *natta ḫarātar*.

Es ist deutlich: Die in den zehn Paragraphen der *môt-jûmat*-Reihe behandelten Fälle gehören entgegen A. Alts Ansicht durchaus zum Repertoire der altorientalischen Gesetzessammlungen und damit doch wohl auch der Gerichte; daß freilich nicht jeder Fall in jeder Sammlung besprochen wird, entspricht deren Wesen und dem Charakter der altorientalischen Kodifikation.

Vier Beobachtungen können helfen, den Entstehungs- und Geltungsbereich der *môt-jûmat*-Reihe näher zu beschreiben:

1. Die *môt-jûmat*-Reihe zeigt eine ähnliche literarische Form wie die Talionsformel: Die straffe Stilisierung der einzelnen Sätze und deren begrenzte Anzahl weisen auch diese Reihe als Memorierform aus, denn hat man die Möglichkeit, Rechtsnormen schriftlich zu fixieren, braucht man sich nicht solche Mühe zu geben, sie einander anzugleichen und auf eine gleiche Länge zu bringen; wir werden also annehmen dürfen, daß die Verfasser und frühen Tradenten nicht in der Lage waren, diese Sammlung von Kapiteldelikten aufzuschreiben bzw. aufgeschrieben aufzubewahren und weiterzugeben. Die Annahme wird nicht fehl gehen, diese Reihe gehöre zum nomadischen oder halbnomadischen Kulturerbe Israels[57].

2. Einen Schritt weiter führt die Frage, wessen Interessen denn bei den in der *môt-jûmat*-Reihe zusammengestellten Fällen vorwiegend betroffen werden:

	einer Privatperson	Klage liegt im Interesse einer Familie[58]	der Gesellschaft
§ 1		×	×
§ 2		×	×
§ 3		×	×
§ 4		×	×
§ 5	×	×	×
§ 6	×	×	×
§ 7	×	×	×
§ 8	×	×	×
§ 9		×	×
§ 10		×	×

Man kann diese Frage sicher nicht für jeden Paragraph eindeutig beantworten, aber es zeigt sich doch eins: Es handelt sich um Nor-

---

[57] So auch W. Schottroff 127: »es handelt sich um ein Recht volkstümlicher Art, das so vermutlich auf die nomadische Zeit Israels zurückgeht«.

[58] Der des Geschädigten oder/ und der des Täters.

men, hinter denen ein starkes Interesse am Schutz der Familie und
der gesellschaftlichen Ordnung steht; ja für die §§ 9f. ist ein Privat-
kläger schlechterdings nicht denkbar, wie sollte jemand durch Sodomie
geschädigt worden sein? Ein so stark ausgerichtetes Interesse an der
Gemeinschaft und ihrem Wohl wird aber kein zufälliges Ergebnis der
Sammlung dieser Normen sein[59]. Zudem hat die Todesstrafe, die hier
ausnahmslos verhängt wird, — neben Vergeltung und Abschreckung —
vornehmlich den Zweck, die Gesellschaft vor einem Verbrecher dauer-
haft zu schützen[60]. Aus all dem möchten wir den Schluß ziehen: Es
handelt sich bei der *môt-jûmat*-Reihe um eine Sammlung von Kapitaldelikten für die innergentale Gerichtsbarkeit innerhalb des nomadischen Rechts.

3. Die Reihe wird kaum auf Vollständigkeit aus sein, weshalb
Vorsicht geboten ist, sollen aus ihrer inhaltlichen Breite Schlüsse
gezogen werden.

Aber es ist doch auffallend, daß der Diebstahl unberücksichtigt
bleibt, der gewiß weit häufiger vorgekommen sein wird als eine der
genannten sexuellen Perversionen und der ferner in § 3 in einer
Spezialform abgehandelt wird, die man sich als Fortsetzung oder
Anhang zu einem grundsätzlichen Paragraphen zum Thema Diebstahl
vorstellen könnte, die allein besprochen aber doch die Frage nach
der Sanktion gegen Diebstahl überhaupt aufwirft. Der CH zeigt ja
auch, daß mindestens im Zweistromland Todesstrafe für Diebstahl
nicht unbekannt war, weshalb man es wohl auch wagen konnte, dem
Verurteilten zum Teil recht hohe Vermögensstrafen aufzuerlegen[61],
die er auf dem gegebenen Hintergrund natürlich versucht haben wird
aufzubringen. Dagegen zeigt Ex 21 2—22 16 eine andere Tradition;
hier wird im Nichterfüllungsfalle der angedrohten Vermögensstrafen
als Sanktion Verkauf in die Sklaverei genannt[62]. Sollte Todesstrafe
bei Diebstahlsdelikten in Syrien-Palästina unbekannt gewesen sein?
Dann ließe sich damit erklären, daß der Diebstahl in der *môt-jûmat*-
Reihe nicht besprochen wird: Er fiel nicht unter *môt jûmat*. Die Reihe

---

[59] Daß die Reihe etwa unter diesem Thema gesammelt worden wäre, ist nicht anzunehmen, das *môt jûmat* war wohl Thema genug.

[60] Vgl. die Unterscheidung zwischen gruppen- und personenbezogener Justiz bei
E. Gräf, Das Rechtswesen der heutigen Beduinen, 41: »Dieser Unterschied bedeutet
nun aber nicht lediglich eine Verfahrensfrage, sondern bezeichnet zwei wesentlich
getrennte Rechtsvorstellungen und Zwecksetzungen der Justiz ... innerhalb der
ḥamsa bedeutet jede gesellschaftswidrige Handlung einen Potentialverlust, der
durch nichts wettgemacht werden kann. Hier gibt es nur zwei Möglichkeiten:
entweder gar nichts zu tun oder Ausmerzung des asozialen Mitgliedes zur Verhütung
weiterer Verluste.«

[61] § 8.

[62] Ex 21 37ff., vor allem 22 2.

wäre dann eher in der Nähe von Ex 21 2 — 22 16 als in der des CH
anzusiedeln.

4. A. Alt sagt: »Religion, Sittlichkeit und Recht liegen hier noch
ungeschieden ineinander; weil alles auf den unbedingten Willen Jahwes
bezogen ist, darum gibt es auch für jede Übertretung nur die strengste
Strafe, die persönliche Ausrottung des Täters.«[63] Stimmte dieses
Urteil, dann bestände aller Grund, die *môt-jûmat*-Reihe als typisch
israelitisches Produkt anzusprechen.

Eine Bezogenheit auf den Willen Jahwes läßt sich jedoch nicht
finden; im Gegenteil, diese zehn Paragraphen entbehren jedes auch
noch so geringen religiösen Bezugs[64]; dazu kommt, daß die in ihnen
behandelten Delikte in anderen altorientalischen Rechtssammlungen
teilweise genauso entschieden werden[65], wo von einem Bezug auf den
Willen Jahwes beim besten Willen nicht die Rede sein kann.

Es ist aber auch zu fragen, ob es in der *môt-jûmat*-Reihe um
Sittlichkeit geht. Gewiß gehören für das moderne Empfinden manche
der aufgeführten Fälle eher in den Bereich der Sittlichkeit als in den
des Rechts, doch ist die Grenze zwischen beiden fließend und hat in
den einzelnen geschichtlichen Epochen sehr verschieden gelegen. Auf
alle Fälle aber bringt die Verletzung von Rechtsnormen einen Klageanspruch hervor, was für die Verletzung von sittlichen Normen nicht
unbedingt auch gelten muß. Insofern sind die zehn Paragraphen der
môt-jûmat-Reihe Recht und allein das. Die *môt-jûmat*-Reihe läßt also
die typisch israelitischen Eigenarten, wie sie aus dem AT bekannt
sind, eher vermissen; sie ist vor»israelitisch«.

---

[63] 313.
[64] Vgl. dazu oben 23, auch 12 Anm. 34.
[65] §§ (1) 3. 5 und 7.

III. Die 'arûr-Reihe[1]

Die 'arûr-Reihe, deren Rekonstruktion ebenfalls auf A. Alt zurückgeht[2], ist en bloc in Dtn 27 überliefert; hierzu läßt sich innerhalb der alttestamentlichen Literatur lediglich in Jos 6 26 Jdc 21 18 I Sam 14 24 und Jer 48 10 vergleichbares Material finden. Darüber hinaus existiert eine ähnliche Wendung auf einer Inschrift im Britischen Museum.

Es sieht zunächst so aus, als böte uns die Überlieferungssituation wesentlich günstigere Voraussetzungen zur Wiederherstellung dieser Reihe, als das bei der môt-jûmat-Reihe der Fall war. In extenso entstehen dann aber doch einige Schwierigkeiten, von denen wohl die größte die ist daß die 'arûr-Reihe nicht, wie nach dem Augenschein zu erwarten, in einem juristischen, sondern in einem rituellen Kontext überliefert ist, und dieses Ritual der literarischen und sachlichen Interpretation auch noch nicht geringe Probleme aufgibt[3].

Immerhin dürften aber die undurchsichtigen Verhältnisse in diesem Kapitel ein Zeichen dafür sein, daß die hier zusammengestellten Materialien jeweils eine eigene längere Überlieferungsgeschichte hinter sich haben. Deshalb können wir G. Fohrer nicht folgen, wenn er von der 'arûr-Reihe als von einer »Fluchreihe« spricht, »die für einen fingierten und nicht wirklich ausgeführten Kultakt gebildet worden« sei[4]; eine solche Fiktion wäre doch wohl in den Einzelheiten verständlicher ausgefallen. Hier wird altes, redaktionell zusammengestelltes Überlieferungsgut vorliegen, zu dem auch die 'arûr-Reihe gehört.

Es soll als Arbeitshypothese angenommen werden, daß hier ein ursprünglicher Rechtstext sachfremd literarisch verarbeitet worden ist. Somit sind für die Rekonstruktion der Reihe alle Rubriken und Responsorien zu streichen; sie lauten mit einer einzigen, noch zu besprechenden Ausnahme we'amär kål ha'am 'amen. Mit A. Alt nehmen wir an, daß in Dtn 27 16-18 und 23-24 der ursprüngliche Stil der Sätze unverfälscht erhalten geblieben ist[5]; die Sätze sind also abge-

---

[1] So zum ersten Male bei K. Rabast. [2] 313 ff.

[3] So bleibt unklar, in welchem Verhältnis Dtn 27 11-13 und 27 14 ff. zueinander stehen; offenbar haben wir hier die Beschreibung zweier verschiedener Rituale vor uns, von denen das zweite, in dessen Text die 'arûr-Reihe zitiert wird, nicht unbedingt mit Sichem in Verbindung stehen muß, weshalb auch die häufig anzutreffende Bezeichnung der 'arûr-Reihe als sichemitischer Dodekalog abzulehnen ist. Vgl. dazu auch W. Schottroff 220 ff.

[4] A. a. O. 72; so auch H. Schulz 71. [5] 314.

sehen von der Rechtsfolge 'arûr durch die Partizipialkonstruktion
und einer gleichmäßigen Länge von vier Wörtern[6] charakterisiert.

Diesem Typ folgt jedoch der erste Satz Dtn 27 15 nicht. Er ist
wie auch v. 26 als Relativsatz und nicht als Partizipialkonstruktion
formuliert, was sich nicht als späterer Eingriff erklären läßt[7]. Darüber
hinaus gibt es ein weiteres Indiz, daß dazu bewegen könnte, diesen
Satz aus dem ursprünglichen Bestand der Reihe auszuschließen: Es
folgt an dieser Stelle das einzige Mal eine Rubrik in der Form w^e'anû
kål ha'am w^e'am^{e}rû 'amen; damit fällt Dtn 27 15 bereits innerhalb
des nach unserer Hypothese sekundären Rahmens aus der Reihe.
Wir werden damit rechnen dürfen, daß hier ein später nachgebildeter
Satz vorliegt; seine Bildung wird dadurch veranlaßt worden sein,
daß Dtn 27 26 — ein Paragraph, der sich auf die gesamte 'arûr-Reihe
und ihre künftige Rechtsgültigkeit bezieht, also ebenfalls nicht primär
zur Reihe selbst gehört — von dem Redaktor mitgezählt worden ist,
wobei sich die ungerade Zahl elf ergab, die zudem nicht mit der
Anzahl der an dem Kultakt Dtn 27 11-13 beteiligten Stämme Israels
in Einklang stand, diese Diskrepanz wurde dadurch beseitigt, daß
man einen neugebildeten Satz voranstellte[8].

Dtn 27 16 bietet demnach den § 1 der 'arûr-Reihe, die wir folgendermaßen in ihrer ursprünglichen Gestalt ansetzen möchten:

§ 1   (Dtn 27 16)
    'arûr mặqlặ̄ 'abîw w^e'immô
§ 2   (Dtn 27 17)
    'arûr mặssîg g^{e}bûl re'ehû
§ 3   (Dtn 27 18)
    'arûr mặšgặ̄ 'iwwer bặddaræk

---

[6] Vgl. dazu oben 19 Anm. 14.

[7] Gegen A. Alt 314 muß festgestellt werden, daß lediglich der Satzanfang stilistisch
fremden Materials bei der Verwendung in der alttestamentlichen Literatur häufig
dazu angeregt hat, an dieser exponierten Stelle ungewöhnliche Formen oder Wendungen dem Stilgeschmack des Redaktors anzugleichen, vgl. oben 18 Anm. 13, aber
auch Ex 21 2; im vorliegenden Falle aber beginnt der Satz mit 'arûr und nicht mit
dem Partizip, das als störend hätte empfunden werden können, somit wird diese
Erklärungsmöglichkeit hinfällig.

[8] Der Satz läßt sich aber durchaus dem Stil der 'arûr-Reihe angleichen. A. Alt 314
Anm. 1 dachte an 'arûr śam pæsæl bặssatær, das aber doch wohl von dem über-
lieferten Wortbestand zu weit abweicht, besser ist vielleicht 'arûr 'ośē pæsæl ûmặssekā; was mit dem pæsæl ûmặssekā aber gemeint ist, ist nicht so selbstverständlich,
wie es in den Übersetzungen den Anschein hat, wenn es aber stimmt, daß die
'arûr-Reihe erst im Zuge des Einbaus in den gegenwärtigen rituellen Kontext um
diesen Satz erweitert worden ist, dann liegt freilich die Deutung nahe, es handle
sich hierbei um bildliche Gottesdarstellungen; vgl. auch oben 23 zum kultischen
Charakter der Nachbildungen zur môt-jûmat-Reihe.

§ 4   (Dtn 27 19)[9]
       'arûr măṭṭǣ mišpăṭ ger jatôm wᵉ'ălmanā

§ 5   (Dtn 27 20)[10]
       'arûr šokeb 'im 'ešæt 'abîw

§ 6   (Dtn 27 21)[11]
       'arûr šokeb 'im bᵉhemā

§ 7   (Dtn 27 22)[12]
       'arûr šokeb 'im 'ᵃḥotô

§ 8   (Dtn 27 23)
       'arûr šokeb 'im ḥotăntô

§ 9   (Dtn 27 24)
       'arûr măkkē re'ehû băssatær

§ 10   (Dtn 27 25)[13]
       'arûr loqeᵃḥ šoḥăd lᵉhăkkôt næpæš

---

[9] Um diesen Satz auf die zu erwartende Länge von vier Wörtern zu bringen, hilft allein wieder die Annahme einer Übersetzung aus dem Aramäischen. Es müßte dort mit einem Terminus gerechnet werden, der die Bedeutung personae miserabiles gehabt haben wird, und der im Hebräischen keine Entsprechung besitzt; die drei im hebräischen Text verwendeten term. techn. sind jedenfalls aramäisch nur schlecht belegt: ger nur nabatäisch und jüd.-aramäisch, jatôm erst jüd.-aramäisch, 'ălmanā ist nicht zu belegen, vgl. C. F. Jean—J. Hoftijzer.

Die Übersetzungshypothese wird durch die Wortstellung der 'arûr-Reihe gestützt: Sie kann nach den syntaktischen Regeln des hebräischen Nominalsatzes nur als Hervorhebung des Prädikats gedeutet werden, wohingegen die Wortstellung in der môt-jûmat-Reihe als Ausdruck für ein besonders betontes Subjekt gedeutet werden müßte, vgl. R. Meyer II 96f.; worauf der Ton liegt, sei dahingestellt, bei der engen Verwandtschaft der beiden Reihen ist aber die Hervorhebung ein und desselben Satzteils in beiden zu erwarten, hier wird eine Übersetzungsnarbe vorliegen.

[10] Wegen v. 21-23, wo das 'im sicher zum ursprünglichen Bestand zu zählen ist, kann es auch in v. 20 nicht getilgt werden, in der aramäischen Vorlage ist deshalb wohl mit einem einzigen Wort anstelle 'ešæt 'abîw zu rechnen, vielleicht handelte es sich dabei um ein Äquivalent zu hebr. ṣarā, das nach L. Koehler—W. Baumgartner lediglich »in . . . Beziehung zu« einer »andern Frau« verwendet wird. kî gillā kᵉnăp 'abîw dürfte eine späte Glosse sein, vgl. hinten die Glossen zur lo'-tᵉgăllǣ-Reihe.

[11] Hier steht das kăl im Gegensatz zu Ex 22 18 vor dem Objekt, in beiden Fällen wird es sekundär und deswegen eingesetzt worden sein, um jede Art und Weise von Sodomie unter Strafe zu stellen: einmal gleichgültig durch wen vollzogen (môt-jûmat-Reihe § 10), das andere Mal gleichgültig mit welchem Tier ('arûr-Reihe § 6); vgl. auch HG II zu diesem Thema, wo zwischen den möglichen Fällen von Sodomie vielfach differenziert wird, je nachdem um welche Tierart es sich handelt bzw. wer der treibende Teil ist.

[12] băt 'abîw 'ô băt 'immô soll den Geltungsbereich auf Voll- und Halbschwester erweitern und ist als Glosse anzusehen.

[13] Auch nach Abstrich des dam naqî, das darauf hinweisen soll, daß es sich hierbei um eine unberechtigte Tötung handelt, bleibt der Satz zu lang, ohne daß sich

In welchem Verhältnis Dtn 27 26 zur 'arûr-Reihe steht, ist schwer zu sagen. Abgesehen von der stilistischen Andersartigkeit[14] fällt der Satz auch inhaltlich aus der Reihe, da er sich auf die vorangehenden Paragraphen in ihrer Gesamtheit bezieht. Wie schon A. Alt vermutet hat[15], könnte man diesen Satz als Fluchformel verstehen, wie sie aus den Epilogen der altorientalischen Rechtssammlungen bekannt sind[16].

Nach dieser geschlossenen Überlieferung der 'arûr-Reihe in Dtn 27 ist von vornherein nicht zu erwarten, daß sich weitere Splitter in der alttestamentlichen Literatur entdecken lassen. Allein Jer 48 10 enthält zwei Sätze, die in ihrer Allgemeingültigkeit der 'arûr-Reihe recht nahe stehen[17], die anderen vergleichbaren Stellen sind im Inhalt deutlich situationsgebunden[18].

In der für uns ältesten greifbaren Gestalt zeigt sich die 'arûr-Reihe demnach mit einem Umfang von zehn Paragraphen, die nicht anders als die der môt-jûmat-Reihe[19] jegliche kultische Relevanz vermissen lassen:

---

weitere Passagen mit einer gewissen Wahrscheinlichkeit als sekundär erweisen ließen: $l^e h\breve{a}kk\hat{o}t\ n\alpha p\alpha\acute{s}$ gehört als ein Begriff zusammen, denn $l^e h\breve{a}kk\hat{o}t$ kommt allein in der Bedeutung »töten« nicht vor; auch $\acute{s}oh\breve{a}d$ ist unentbehrlich, da es zur Bestimmung des allgemeinen $loqe^ah$ gebraucht wird, unter Umständen hat in dem aramäischen Text ein Kausativ von $\acute{s}hd$ gestanden, das im Grundstamm mit der Bedeutung »Geschenke machen« nach C. F. Jean—J. Hoftijzer bereits altaramäisch belegt ist.

[14] Eine Anpassung an den Stil der vorangehenden Sätze ist schon vor allem wegen des lo' schwierig, unter Tilgung des $'\alpha t$ und der beiden letzten Wörter $l\breve{a}^{'a}\acute{s}\hat{o}t\ '\hat{o}tam$ ließe sich ein $'ar\hat{u}r\ '\hat{e}n\ meq\hat{i}m\ dibr\hat{e}\ h\breve{a}tt\hat{o}r\bar{a}\ hazz\hat{o}t$ ansetzen.

[15] 313 Anm. 3.

[16] G. von Rad, ATD 8, 120, hält Dtn 27 26 für einen späteren paränetischen Zusatz.

[17] Die beiden Sätze $'ar\hat{u}r\ 'o\acute{s}\bar{e}\ m^el\alpha k\alpha t\ j\breve{a}hw\bar{e}\ r^emijj\bar{a}$
          und $'ar\hat{u}r\ mone^{a'}\ h\breve{a}rb\hat{o}\ middam$

erwecken den Eindruck, sie hätten eine Eigenexistenz hinter sich; vgl. W. Rudolph 279.

[18] Während Jdc 21 18 vollständig dem Stil der 'arûr-Reihe folgt, liegt in Jos 6 26 und I Sam 14 24 anstelle des part. ein Relativsatz vor; zu diesen drei Fällen vgl. oben 21 Anm. 26. Erwähnt werden muß die Grabinschrift Silwan B im Britischen Museum
          2 . . . $'rwr\ h'dm\ '\check{s}r$
          3 $pth\ 't\ z't$ (   )
Nach H. Donner—W. Röllig, Text 191, ist in Zeile 3 eventuell $qrbh$ zu ergänzen. Diese Inschrift aus dem 7. oder 6. Jh. v. Chr. zeigt als Originaltext, der nicht wie die alttestamentlichen Texte im Rahmen der Überlieferung vielfach bearbeitet und umgestaltet worden ist, daß die grammatische Struktur der 'arûr-Sätze für die hebr. Syntax mindestens selten ist; die hier vorliegende Relativsatzkonstruktion wäre auch dort zu erwarten.

[19] Vgl. oben 23.

§ 1   Nichtachtung der Eltern[20]
§ 2   Verrückung eines $g^eb\hat{u}l$[21]
§ 3   Irreführung eines Blinden
§ 4   Rechtsbeugung gegenüber personae miserabiles
§ 5   Geschlechtsverkehr mit einer Frau des Vaters
§ 6   Sodomie
§ 7   Geschlechtsverkehr mit der Schwester
§ 8   Geschlechtsverkehr mit der Schwiegermutter[22]
§ 9   Mord
§ 10   Annahme von Bestechungsgeschenken im Zusammenhang
             mit einem Mord.

Bei der Frage nach dem Wesen dieser Reihe gilt zunächst entsprechend das, was oben zur *môt-jûmat*-Reihe gesagt worden ist[23]. Freilich liegt im vorliegenden Fall der Eindruck wohl nicht so nahe, wir hätten es mit einem juristischen Text zu tun, in dem für die dargestellten Delikte eine Strafe festgesetzt würde; die Rechtsfolge *'arûr* mit der herkömmlichen Übersetzung »verflucht«[24], »mit einem Fluch belegen«[25] oder ähnlich ist als Strafe ja mindestens ungewöhnlich, wenn man vielleicht auch nicht gleich H. Geses Urteil zustimmen möchte, daß »eine Verfluchung normalerweise die Rechtsfolge nicht darstellen, sondern nur begleiten« könne[26].

Ferner muß in diesem Zusammenhang erwähnt werden, daß A. Alt gerade aus der *'arûr*-Reihe und ihrem Kontext Dtn 27 den kultischen Sitz im Leben für seine Gattung des apodiktischen Rechts hergeleitet hat[27]. A. Alts Hypothese wird zwar durch die überaus komplizierte literarkritische Problematik dieses Kapitels hinfällig[28], das freilich genügt noch nicht als Argument, um die von A. Alt und anderen im Anschluß an ihn angenommene Herkunft der *'arûr*-Reihe aus dem Kult abstreiten zu können.

Es wird der gleiche Weg wie bei der Untersuchung der *môt-jûmat*-Reihe gegangen werden müssen, um deutlich zu machen, daß hier in

---

[20] Vgl. oben 23 Anm. 38.

[21] Es muß offen bleiben, was damit gemeint ist; in den nomadischen Lebensbereich paßt am ehesten die bei L. Koehler—W. Baumgartner[3] unter 3a angegebene Übersetzung »Absperrung, Gatter«.

[22] Die Septuaginta bietet an dieser Stelle je einen Paragraphen zum Geschlechtsverkehr mit der *pentera* und der *adelfa gynaikos*, wobei der zweite Satz offenbar auf einen Übersetzungsfehler oder doch wenigstens auf Unklarheit in der Übersetzung zurückgeht, denn *hotǎntô* ist eindeutig »die ihn zum Schwiegersohn Habende«.

[23] Vgl. oben 24 ff.

[24] So A. Alt, H.-J. Kraus, G. von Rad.

[25] L. Koehler—W. Baumgartner.

[26] 147 ff.

[27] 324.

[28] Vgl. oben 32.

Wirklichkeit ein profaner Rechtstext vorliegt, der erst sekundär rituell verwendet worden sein mag, wenn es sich bei Dtn 27 nicht etwa doch um eine Fiktion handelt, in die die Reihe eingebaut ist[29].

So soll zunächst die Frage beantwortet werden, ob die in der ʼarûr-Reihe behandelten Fälle zum Repertoire der altorientalischen Rechtssammlungen und Gerichte gehören:

§ 1   vgl. oben 28 zu § 4 der môt-jûmat-Reihe.

§ 2   MaG B §§ 8 f., geahndet mit Wiedergutmachung durch ein Stück Land, mit Verstümmelungs- und Prügelstrafen, mit Frondienst; HG II § 53, bestraft mit Wiedergutmachung durch ein Stück Land und Naturalien, ferner die Klausel *ta* A.SA^LAM EGIR-*pa šuppijaḫḫi*.

§§ 3—4   lassen sich im Paragraphentext der einschlägigen Rechtssammlungen so nicht belegen, in der Intention ist vielleicht Ex 21 26-27 vergleichbar; der Schutz der personae miserabiles gehört jedoch zum Topos der Pro- und Epiloge keilschriftlicher Rechtssammlungen[30].

§ 5   CH § 158 mit Androhung der Enterbung; HG II § 76,2, entschieden mit den Termini *ḫurkēl* bzw. *natta ḫarātar* je nachdem, ob der Vater noch lebt oder nicht.

§ 6   HG II §§ 73 f. 85. 86 a,1, vielfältig differenziert, entschieden mit den Termini *ḫurkēl* bzw. *natta ḫarātar*.

§ 7   läßt sich in den uns bekannten altorientalischen Sammlungen nicht belegen, die forensische Bedeutsamkeit ist jedoch durch die anderen Normen über sexuelle Vergehen und deren Parallelen wenigstens der Intention nach gesichert.

§ 8   HG II § 81,3, entschieden mit dem Terminus *ḫurkēl*.

§§ 9—10   vgl. oben 37 zu § 1 der môt-jûmat-Reihe.

Die Bezeugung der in der ʼarûr-Reihe aufgeführten Delikte als Repertoire der vergleichbaren altorientalischen Rechtssammlungen ist also nicht so vollständig wie für die môt-jûmat-Reihe; sie dürfte jedoch für diesen Zweck ausreichen und das Urteil erlauben: Die in der ʼarûr-Reihe unter Sanktion gestellten Delikte sind als vor den altorientalischen Gerichten verhandelt ohne weiteres denkbar.

Dieses Ergebnis wird dann auch noch durch die deutliche Verwandtschaft dieser Reihe zur môt-jûmat-Reihe, deren forensischer Charakter sich besser belegen ließ, gestützt; die Verwandtschaft erstreckt sich von dem juristischen Material, das behandelt wird[31],

---

[29] G. Fohrer 72.   [30] Vgl. den Artikel »Gesetze« in RlA.

[31] Im Rechtskasus entsprechen sich vollständig:

| môt-jûmat-Reihe | § 6 | ʼarûr-Reihe | § 5 |
| | § 10 | | § 6 |

im Rechtskasus beruhen auf ein und demselben Rechtswillen:

| | § 9 | | § 8 |

im Rechtskasus sind in einer der beiden Reihen jeweils stärker differenziert:

| | § 1 | | §§ 9—10 |
| | §§ 2 + 4 | | § 1 |

über das beiderseitige starke Interesse am Schutz der gesellschaftlichen und familiären Ordnung[32] bis hin zum Stil[33].

Sind diese beiden Reihen aber stilistisch, in Rechtswillen sowie in der behandelten Materie so eng miteinander verwandt, dann — und damit soll zur Frage nach der Bedeutung von 'arûr übergegangen werden — wird das auch für die Rechtsfolgen gelten[34]. Das heißt, in der 'arûr-Reihe liegt uns ebenfalls eine Sammlung von Kapitaldelikten für die innergentale Gerichtsbarkeit im nomadischen Recht vor. Freilich werden diese beiden Reihen der im Rechtskasus identischen Paragraphen wegen, die sich jedoch in der Rechtsfolge unterscheiden, nicht zugleich an ein und demselben Ort und zu ein und derselben Zeit gültiges Recht gewesen sein; da sich aber ein zeitlicher Unterschied nicht erkennen läßt, haben wir mit einem lokalen zu rechnen: Was in der einen Sippe mit dem Tod bestraft worden ist, darauf stand hier die mit 'arûr beschriebene Sanktion[35].

Ein solches Nebeneinander zweier Kapitalstrafen ist aus dem hethitischen Rechtsbereich bekannt; so bestimmt KUB XIII,2: »Wie in den Ländern seit alters die Vorschrift über ḫurkēl getroffen ist«, solle auch in Zukunft verfahren werden, »in welcher Stadt man sie zu töten pflegte, soll man sie fernerhin töten, in welcher Stadt man sie aber zu verbannen pflegte, soll man sie ferner verbannen.«[36] Ist

---

[32] und schließlich befassen sich in beiden Reihen

| | 60% | 40% |

der Paragraphen mit sexuellen Vergehen.

	einer Privatperson	Klage liegt im Interesse einer Familie	der Gesellschaft
§ 1		×	×
§ 2	×	×	×
§ 3	×		×
§ 4	×		×
§ 5	×	×	×
§ 6		×	×
§ 7		×	×
§ 8		×	×
§ 9		×	×
§ 10		×	×

[33] Auch die 'arûr-Reihe besteht aus zehn streng als Partizipialsatz stilisierten gleichlangen Sätzen, die offenbar zum Auswendiglernen eingerichtet worden sind.

[34] H. Schulz 79 lehnt diesen Schluß ausdrücklich ab, weil er 'arûr keine andere als eine magische Bedeutung geben kann.

[35] Vgl. W. Schottroff 125, der die 'arûr-Sätze dann (129) jedoch als »im Dienst der behelfsmäßigen Anspruchssicherung und Anspruchsverwirklichung« versteht und (232) wie schon A. Alt für Fälle vorbehalten sein läßt, »in denen der Täter unbekannt war«.

[36] So die Übersetzung von J. Friedrich 91f.; 112ff. übersetzt er ḫurkēl mit »Greuel-(tat)«, womit dieser Terminus dem hebräischen zimmā, tæbæl, tô'ebā und ḥæsæd

es nicht denkbar, daß sich die Alternative Todesstrafe — Verbannung auch hinter den beiden Rechtsfolgen *môt jûmat* — *'arûr* verbirgt? Während in der einen Sippe solche die Gemeinschaft zerstörenden oder wenigstens gefährdenden Vergehen mit dem Tode bestraft worden sind, wurde der Verbrecher aus einer anderen ausgestoßen, was in der Wüste praktisch wohl auf das gleiche hinausgekommen sein dürfte[37].

Diese Deutung wird nun durch die Bestimmung von *'arûr* unterstrichen: Schon F. Horst unterschied zwischen dem »Lossagungsfluch« *'arûr* und dem »Verwünschungsfluch« *'alā*[38]. Während er jedoch noch mit einem Fluch rechnet, hat sich gezeigt, daß dieser Wurzel keineswegs so selbstverständlich allein ein magischer Inhalt zukommt, wie bisher angenommen worden ist[39]. W. Schottroff hat deutlich gemacht, daß Fluchformeln ganz allgemein zunächst » — offenbar ausschließlich — in unkultischer Verwendung« zu finden sind; »hat der Segensspruch ursprünglich dort seinen Platz, wo ein Mensch in das Heil der nomadischen Clangemeinschaft aufgenommen oder in ihm bestärkt wird, so der Fluch . . . dort, wo gemeinschaftsfeindliche Elemente aus der Sippe ausgestoßen werden. Die Fluchformel stellt also von Hause aus ein Mittel der Sippenrache dar.«[40]

Auch von der Bedeutung der Rechtsfolge *'arûr* aus werden wir somit ins nomadische Recht gewiesen, der die *'arûr*-Reihe wie die Talionsformel und die *môt-jûmat*-Reihe entstammt.

---

vergleichbar zu sein scheint, was auch durch eine Zusammenstellung der sexuellen Perversionen deutlich wird, die mit diesen fünf Termini in der heth. bzw. hebr. Literatur bewertet werden: Sodomie (HG II §§ 72 + 74; Lev 18 23), Geschlechtsverkehr mit der Mutter (HG II § 75,1), G. mit der Tochter (HG II § 75,2), homosexueller G. (Lev 18 22 20 13), homosex. G. mit dem Sohn (HG II § 75,3), G. mit der Stiefmutter (HG II § 76,2), G. mit der Frau des Bruders (HG II § 81a), G. mit einer Frau und deren Schwester (HG II § 77), G. mit einer Frau und deren Mutter (HG II § 81b; Lev 20 14), G. mit einer Frau und deren Tochter (HG II § 81c), G. mit der Enkelin (Lev 18 17b), G. mit der Schwiegermutter (Lev 20 12), G. mit der Schwester (Lev 20 17).

[37] Vgl. dazu oben 30 Anm. 60; zur Ausweisung aus *ḥamsa* und Rechtsbereich vgl. E. Gräf, Das Rechtswesen der heutigen Beduinen, 42 und 46.

[38] F. Horst, Der Eid im Alten Testament, 301.

[39] Zuletzt H. Schulz 79.

[40] W. Schottroff 232; vgl. dazu auch 231: »Sowohl die Vorstellung, daß der Fluch sich in konkreter Lebensminderung innerhalb des eigenen Lebensbereiches realisiere, als auch die Anschauung, daß der Fluch als Bewirker die Gottheit voraussetze, scheinen in Israel erst unter dem Eindruck der im Kulturland vorgegebenen Vorstellungen . . . ausgebildet worden zu sein.«

IV. Die *lo'-teğällæ*-Reihe

A. Alt vergleicht »unter dem formalen Gesichtspunkt durchgängiger Gleichgestaltung bestimmter Satzteile« mit den bisher besprochenen Reihen noch Lev 18 7-17[1]; diese Reihe sei mindestens elfgliedrig, ein zwölftes Glied könne man jedoch noch aus Lev 18 18 »durch Umbildung rekonstruieren«, worauf er aber nicht weiter eingeht[2]. Einen Namen hat A. Alt dieser Reihe nicht gegeben, im folgenden soll die bei K. Elliger auftretende Bezeichnung *lo'-teğällæ*-Reihe verwendet werden[3], da auch die beiden anderen Reihen jeweils nach ihrem Prädikat benannt worden sind[4].

Über den Umfang dieser Reihe und ihr Verhältnis zum Kontext in Lev 18 ist bisher keine Einmütigkeit erzielt worden, wenn auch allgemein anerkannt wird, daß wir in diesem Kapitel einen Rahmen von einem zweiteiligen Mittelstück unterscheiden müssen. Dieses Mittelstück Lev 18 6-23 teilt K. Rabast in v. 6-18 und v. 19-23 auf[5], wobei er wohl übersehen hat, daß v. 6 formal eher den Sätzen der zweiten Hälfte des Mittelstücks ähnelt, wogegen die Sätze ab v. 7, wie A. Alt richtig gesehen hat, trotz aller späteren Zusätze eine straffe Stilisierung erkennen lassen. Insofern ist der Versuch K. Elligers akzeptabler, der v. 6 als Überschrift zu der folgenden Reihe v. 7-17a ansieht und zu dem zweiten Stück des Mittelteils rechnet[6]. Dem folgen C. Feucht[7], H. Graf Reventlow[8] und R. Kilian[9], die auch K. Elligers Ansicht übernommen haben, nach der die Reihe v. 7ff. primär und der zweite Teil des Mittelstücks literarisch sekundär sei, so daß H. Graf Reventlow sagen kann, »dieser Kern« sei »durch einen längeren Anhang erweitert« und der erste Teil »durch die Überschrift . . . in dieselbe Richtung umgedeutet worden«[10]. Wenn auch abstrakte Normen gegenüber der ausführlichen Tatbestandsaufzählung als lite-

---

[1] 314f.

[2] 315 Anm. 1.

[3] Das Gesetz Leviticus 18, 7; Leviticus 231 spricht er von der »Gruppe der *lo' teğällæ*-Sprüche«.

[4] K. Rabast 23 nennt sie demgegenüber »Ervah-Reihe«.

[5] 23.

[6] Das Gesetz Leviticus 18, 13.

[7] 32.

[8] Das Heiligkeitsgesetz formgeschichtlich untersucht 57.

[9] Literarkritische und formgeschichtliche Untersuchung des Heiligkeitsgesetzes 25ff.

[10] 57.

rargeschichtlich jünger zu betrachten sind, so dürfte es doch in der
Literaturgeschichte der alten Rechte kaum irgendwo vorkommen,
daß ausführliche Tatbestandsaufzählungen nachträglich durch eine
pauschale Norm als Überschrift zusammengefaßt worden sind; gewöhnlich ist genau das Umgekehrte der Fall: Allgemein gehaltene Rechtsnormen werden später kommentierend ausgebreitet. Und so wird das
Folgende zur Hypothese erhoben werden dürfen: In der vorliegenden
Komposition des Kapitels Lev 18 ist v. 6 sowie der in seinem Anfang
noch zu bestimmende zweite Teil des Mittelstücks bis v. 23 literar-
geschichtlich primär, dagegen ist v. 7ff. an diese Stelle als Kommentar
zu v. 6 eingeschoben worden, der anscheinend eine Anzahl von Bei-
spielen für das *q^erob 'æl š^e'er b^eśarô* bringen soll[11].

Der Anfang des zweiten Mittelteils und damit das Ende der
lo'-t^egắllǣ-Reihe läßt sich durch nähere Betrachtung der v. 17-18 gewinnen. Hier kommt offensichtlich ein neuer Gedanke herein: Ging es
erst um *š^e'er b^eśarô* zwischen den beiden Partnern im Geschlechtsverkehr, so geht es jetzt um ein Verwandtschaftsverhältnis[12] zwischen
den am Geschlechtsverkehr mit ein und demselben Mann beteiligten
Frauen. Diese drei Fälle gehören doch bestimmt zusammen, die Stilisierung der Sätze v. 7ff. reicht aber nur bis einschließlich v. 17a; v. 17b
und 18 sind weit weniger stark nach einem bestimmten Stil geformt
und stehen insofern v. 19ff. näher. So liegt wohl der Gedanke nicht
fern, man solle die stilistische Übereinstimmung von v. 17a mit den
vorangehenden Sätzen dem Zufall zuschreiben und die gesuchte Zäsur
zwischen v. 16 und v. 17 setzen; die Reihe Lev 18 7-16 beschränkt sich
dann auf den Geschlechtsverkehr mit verwandten Frauen im Sinne
des *š^e'er b^eśarô*, und der Verkehr mit untereinander verwandten Frauen
gehört dann zu dem zweiten Teil des Mittelstückes. Auf diese Weise
erhalten wir auch jeweils eine runde Anzahl von Paragraphen, ohne
wie K. Elliger mit Ausfällen im Text rechnen zu müssen[13].

Diese Gliederung des Kapitels Lev 18 wird durch die Einteilung
in geschlossene Paraschen unterstrichen: Die v. 6-16 werden jeweils als

---

[11] K. Elliger 7f. streitet das allerdings ab, weil Lev 18 14-16 »nichtblutsverwandte
Frauen« aufführt; L. Koehler—W. Baumgartner übersetzt ebenfalls »leiblicher Ver-
wandter«; doch schon die *'eśæt 'abîka* in v. 8 fällt nicht unter die Kategorie bluts-
verwandt, das heißt, es ist unklar, ob *š^e'er b^eśarô* das und nichts anderes bedeutet.
Hier darf nicht zu schnell die moderne Begrifflichkeit untergelegt werden, sondern
andersherum ist vorzugehen: Das *š^e'er b^eśarô* ist entsprechend den dafür beigebrach-
ten Beispielen zu definieren und zu übersetzen, falls das letztere möglich ist. Deshalb
kann auch von da aus keine Antwort auf die Frage nach der Länge der Reihe v. 7ff.
gegeben werden.

[12] Der Vorsicht wegen soll nicht von *š^e'er b^eśarô*, sondern allgemein von Verwandtschaft gesprochen werden.

[13] So auch — ohne Anführung von Argumenten — C. Feucht 32.

Abschnitte hervorgehoben, womit deutlich wird, daß sie als sachgemäß zusammengehörig empfunden worden sind und diese Zusammengehörigkeit nach v. 16 aufhört[14].

Bei der Rekonstruktion der *lo'-t^egǎllǣ*-Reihe folgen wir K. Elliger, der als Formular der einzelnen Sätze ʿærwăt ... lo' t^egǎllǣ ansetzt, in das dann die Bezeichnung je einer weiblichen Verwandten des Angeredeten einzusetzen ist[15]. Allein v. 7 und 14 fallen ein wenig aus der Reihe[16], ansonsten läßt sich diese Reihe verhältnismäßig leicht wiederherstellen:

§ 1 (Lev 18 7)
       ʿærwăt 'imm^eka lo' t^egǎllǣ
§ 2 (Lev 18 8)
       ʿærwăt 'ešæt 'abîka lo' t^egǎllǣ
§ 3 (Lev 18 9)[17]
       ʿærwăt '^aḥôt^eka lo' t^egǎllǣ

Zwischen v. 9 und v. 10 schiebt K. Elliger eine Norm über den Geschlechtsverkehr mit der Tochter ein, der durch Homoioarkton verloren gegangen sei; ein Indiz für die Notwendigkeit dieser Konjektur ist nicht zu entdecken, H. Graf Reventlow sagt dazu, dieser Satz fehle »in der sonst vollständigen Reihe sachlich«[18], doch ist die Forderung nach sachlicher Vollständigkeit von unserem Verständnis der Kodifikation aus an den Text herangetragen und braucht sich keinesfalls mit der Absicht des Textes zu decken[19].

---

[14] Die hier vorliegende Paraschierung bestätigt den von J. Conrad 47 ff. dargelegten Sinn der Paraschen, »Verse aus ihrer Umgebung herauszuheben und ihnen besonderes Gewicht zu verleihen«.   [15] 6.

[16] In v. 7 wird das ʿærwăt 'abîka wohl ein Schreiberversehen und mit K. Elligers Argumenten (2) zu streichen sein, auch wenn diese Ausdrucksweise bei v. 8. 10. 16 in Zusätzen erneut begegnet. Das 'imm^eka hî' ist wie das '^aḥôt^eka hî' in v. 11, dodat^eka hî' in v. 14 und 'ešæt bin^eka hî' in v. 15 bei der Rekonstruktion zu streichen; es handelt sich dabei offensichtlich um Glossen, die die Rechtsnorm durch einen Appell an das natürliche Empfinden des Angeredeten einsichtig machen sollen. Diese Aufgabe dürften sie mit ʿærwăt 'abîka hî' in v. 8, kî ʿærwăt^eka hennā in v. 10, š^e'er 'abîka hî' in v. 12, kî š^e'er 'imm^eka hî' in v. 13, ʿærwăt 'aḥîka hî' in v. 16 und vielleicht auch mit 'æl 'ištô lo' tiqrab in v. 14 teilen. Im übrigen betont K. Elliger mit Recht den »gänzlich untheologischen Charakter« dieser Begründungen (12). Andere Zusätze sind Wiederaufnahmen des Objektes oder auch selbst des Prädikates; sie sind sicher in der durch die Glossierung entstandenen Überlänge mancher Sätze begründet, so auch K. Elliger 4, in v. 7. 11. 15 lo' t^egǎllǣ ʿærwatah und in v. 9f. ʿærwatan.

[17] Zu streichen ist die interpretierende Glosse băt 'abîka ... bis ḥûṣ.

[18] 53.

[19] Deshalb sollte man aber auch vorsichtig sein und aus dem Fehlen dieses Falles in Lev 18 und anderswo in der alttestamentlichen Literatur keine zu weitreichenden Schlüsse ziehen; anders S. Luria a. a. O.

§ 4 (Lev 18 10)[20]
  'ærwăt băt bin^eka/băt bitt^eka lo' t^egăllǣ
§ 5 (Lev 18 11)[21]
  'ærwăt băt 'ešæt 'abîka lo' t^egăllǣ
§ 6 (Lev 18 12)[22]
  'ærwăt '^aḥôt 'abîka lo' t^egăllǣ
§ 7 (Lev 18 13)[22]
  'ærwăt '^aḥôt 'imm^eka lo' t^egăllǣ
§ 8 (Lev 18 14)[23]
  'ærwăt 'ešæt '^aḥî 'abîka lo' t^egăllǣ
§ 9 (Lev 18 15)[24]

---

[20] Hier müßte eigentlich auch das variable Glied korrigiert werden, da zwei verwandte Frauen zugleich genannt sind; unter literarkrit. Gesichtspunkt kann jedoch beides mit dem gleichen Recht getilgt werden, so daß wir beide Angaben stehen lassen müssen.

[21] Zu der Glosse *môlædæt 'abîka* und seinem Verhältnis zu den Zusätzen in v. 9 vgl. K. Elliger 5.

[22] Diese beiden Paragraphen sind in Lev 20 19 anscheinend frei aus dem Gedächtnis und deshalb in umgekehrter Reihenfolge sowie als ein Satz zusammengefaßt zitiert worden.

[23] Mit dem *'æl ištô lo' tiqrab* soll sicher ein aus irgendeinem Grunde ausgefallenes *'ešæt* nachgetragen werden, K. Elliger 6 spricht auch hier von Homoioarkton; Schreibfehler durch gleichen Wortanfang sind jedoch in der atl. Literatur verhältnismäßig selten eindeutig nachweisbar, vgl. dazu E. Würthwein 78.

[24] Während dieser Paragraph keine Parallele in Lev 20 19ff., wo man sie erwarten würde, hat, so setzt der Paralleltext mit Lev 20 21 wieder ein, was Lev 18 16 entspricht; die Lücke mag darin ihren Grund haben, daß der Geschlechtsverkehr mit der Schwiegertochter schon weiter oben in Lev 20 als Zitat eines Satzes der *môt-jûmat*-Reihe verhandelt worden ist. Somit braucht das Fehlen einer direkten Parallele zu Lev 18 15 kein Argument gegen die Annahme zu sein, Lev 20 sei nicht nur in Anlehnung an die *môt-jûmat*-, sondern ebenso auch an die *lo'-t^egăllǣ*-Reihe entstanden. Eine Synopse zeigt das deutlich:

lo'-t^egăllǣ-Reihe	*môt-jûmat*-Reihe	Lev 20	Verwandtschaft
§ 1		9	Stichwort
	§ 5	10	Zitat
§ 2	§ 6	11	Zitat
	§ 7	12	Zitat
	§ 8	13	Zitat
	§ 9	14	Zitat
	§ 10	15	Zitat
		16	Nachbildung zu v. 15
§ 3		17	inhaltlich
§ 4			
§ 5			
		18	
§ 6—7		19	Zitat
§ 8		20	inhaltlich
§ 9		(vgl. 12)	
§ 10		21	inhaltlich

'*ærwät kắllatô lo' t^egắllǣ*

§ 10   (Lev 18 16)

'*ærwät 'ešæt '^aḥîka lo' t^egắllǣ*

Es handelt sich hier also um eine Reihe aus zehn leidlich gleich gebauten Normen, die den Geschlechtsverkehr mit blutsverwandten und verschwägerten Frauen betreffen. Nach welchen Gesichtspunkten diese Normen angeordnet sind, ist unklar; K. Elliger will das Anordnungsprinzip in dem objektiven und subjektiven Standeswert der einzelnen Frauen innerhalb der nomadischen Großfamilie sehen[25], das einzige, was aber mit Sicherheit gesagt werden kann, ist, daß diese zehn Sätze weder nach den Generationen noch nach dem Verwandtschaftsgrad in bezug auf den Angeredeten oder auch in bezug auf dessen Vater noch etwa nach der Verwandtschaft der für die Frauen jeweils zuständigen Männer im Blick auf den Angeredeten geordnet sind, und daß diese Anordnung auch keiner altorientalischen Tradition folgt.

Die Frage nach dem Wesen dieser Reihe ist insofern leicht zu beantworten, als es sich dem Inhalt nach auch hier um juristisches Material handelt; auch wenn sich direkte Parallelen in den altorientalischen Rechtssammlungen nur spärlich finden lassen:

§ 1	CH § 157; HG II § 75,1;
§ 2	CH § 158; HG II § 76,2;
§ 9	CH §§ 155f.;
§ 10	HG II § 81,1;

so können die §§ 3—8, die außerhalb der hebräischen Rechtsliteratur nicht bezeugbar sind, in ihrer forensischen Relevanz doch dadurch belegt werden, daß sexuelle Vergehen grundsätzlich vor den Gerichten behandelt worden sind[26].

Trotz allem haben wir hier offensichtlich keinen Rechtstext vor uns, da die *lo'-t^egắllǣ*-Reihe für die Übertretung der in ihr zusammengestellten Verbote keine Sanktionen nennt und damit beim Richten nicht verwendet werden kann[27]. Nun könnte es freilich sein, daß die *lo'-t^egắllǣ*-Reihe im Zuge ihres Einbaus in Lev 18 aus einem Rahmen gerissen worden ist, der die notwendige Ergänzung dargestellt hat[28],

---

[25] A. a. O. 9 f.

[26] Vgl. die Parallelen zu §§ 5—10 der *môt-jûmat*-Reihe oben 28 f. sowie zu §§ 5 f. und 8 der '*arûr*-Reihe oben 37.   [27] Vgl. dazu C. Feucht 101 und oben 24.

[28] Das literarisch in Lev 18 primäre Stück v. 6. 17-23 mit ebenfalls zehn Normen, die sexuelle Fragen betreffen (Geschlechtsverkehr mit verwandten Frauen, G. mit untereinander verwandten Frauen, G. mit einer Menstruierenden, G. mit der Frau eines anderen, *molæk*-Kult, homosexueller G. unter Männern, Sodomie) wird durch den Rahmen ergänzt, der in v. 29 einen göttlichen Klageanspruch auf den Leser delegiert und zusammenfassend die Vergehen sanktioniert.

doch sind von einem solchen Rahmen Reste nicht vorhanden. Die
Reihe stellt sich uns in ihrer ältesten greifbaren Gestalt als eine
Sammlung von zehn Verboten für den Geschlechtsverkehr vor, die
man sich praktisch verwendet allein im Rahmen der Erziehung denken
kann.

Den Bereich der praktischen Anwendung will K. Elliger in der
»Großfamilie« »auf nomadischer Stufe« sehen[29], für deren sexuelles
Leben die *lo'-t^egăllæ*-Reihe die notwendigen Normen biete. Diese
Hypothese ist ziemlich kritiklos übernommen worden, allein C. Feucht
sieht »eine gewisse Schwierigkeit« darin, »daß einige der Regeln von
Lev 18 7-17a in der älteren Geschichte Israels nicht beachtet wurden,
und daß man die Übertretung offenbar nicht als Verschuldung emp-
fand«[30].

Hierbei ist jedoch zweierlei zu bedenken: Wenn K. Elliger nach
einer Lebensordnung sucht, die sich in der Anzahl der vorhandenen
versuchlichen Frauen mit dem Beispielbestand der *lo'-t^egăllæ*-Reihe[31]
deckt, dann ist dabei nicht nur vorausgesetzt, daß diese Reihe tatsächlich eine vollständige Aufstellung dieser Art bieten will[32], sondern
auch und vor allem, daß uns der Umfang der in Frage kommenden
Lebensordnungen genau bekannt ist. Für die von ihm herangezogene
nomadische Großfamilie ist das aber doch wohl nicht gewährleistet;
selbst für die Gegenwart läßt sich wenig Exaktes über die Größe der
beduinischen und nomadischen Lebens- und Interessengemeinschaften
aussagen, »die weder notwendig mit der biologischen noch der politisch-
historischen Gruppierung zusammenzufallen brauchen«[33], äußerst

---

[29] 8.

[30] Positiv H. Graf Reventlow, Das Heiligkeitsgesetz formgeschichtlich untersucht, 52f.;
R. Kilian, Literarkritische und formgeschichtliche Untersuchung des Heiligkeitsgesetzes, 21; M. Noth, ATD 6, 116; negativ C. Feucht 111, doch dürfte das kein
hinreichendes Gegenargument sein, da die atl. Literatur bei weitem nicht alle
Widersprüche zwischen den oft vielgestaltigen Überlieferungsmaterialien ausgegli-
chen hat und wohl bei ihrer Entstehungsgeschichte auch gar nicht ausgleichen
konnte.

[31] In seiner Abgrenzung Lev 18 7-17a.   [32] Vgl. oben 42.

[33] E. Gräf, Religiöse Bindungen im Rechtsbrauchtum der Beduinen, 45; E. Bräunlich
81 Anm. 1 gibt als Grund dafür an: »Abgesehen von dem örtlich verschiedenen
Modus des Abzählens liegt eine weitere Quelle der Unklarheit darin, daß alle Rechts-
ansprüche sich vererben und dadurch der ursprüngliche Kreis der Beteiligten verschiedenen Umfang erhält.« K. Elligers Ansicht (11), »zur Großfamilie ... gesellen
sich ... höchstens noch jüngere Brüder. Die werden jedoch, sobald sie verheiratet
sind, danach streben, einen eigenen Haushalt zu gründen« bedeutet übrigens, daß
in der Praxis denjenigen Familien, in denen jeweils nur der älteste Sohn geblieben
ist, eine wesentlich größere Zahl neugegründeter Familien gegenüberstände, die
kleiner sind; die von ihm vorausgesetzte Großfamilie mit vier Generationen Umfang
wäre dann eigentlich die Ausnahme.

instruktiv sind die bei E. Gräf als Beispiel aufgeführten Berechnungen
der *ḥamsa*, die man kaum auf einen gemeinsamen Nenner bringen
kann[34]. Zum anderen fehlt aber auch jegliches Indiz dafür, daß die
lo'-t^egăllǣ-Reihe im nomadischen Bereich entstanden und verwendet
worden wäre; die Reihenform allein dürfte diesen Schluß noch nicht
ermöglichen[35]. Von da aus gesehen erscheint der Versuch, den Beispielbestand dieser Reihe mit den Verhältnissen in einer definierbaren
Lebensordnung zur Deckung zu bringen, völlig aussichtslos.

   Es sieht so aus, als müßten wir im Blick auf die Herkunft und
das Wesen der *lo'-t^egăllǣ*-Reihe weiterhin im dunkeln tappen.

---

[34] Das Rechtswesen der heutigen Beduinen 34 ff.

[35] Eine gleichmäßige Länge der einzelnen Sätze läßt sich hier überdies nicht erreichen.

V. Die literarische Kategorie Reihe

Die vier behandelten Texte sind, was ihre literarische Form angeht, eng miteinander verwandt: sie haben

1. einen begrenzten Umfang von 10 (so die *môt-jûmat-*, die *'arûr-* und die *lo'-t^egăllā*-Reihe) oder 5 (so die Talionsformel) Sätzen;
2. eine in den einzelnen Sätzen immer wiederkehrende grammatische Struktur[1] (in der Talionsformel eine Ellipse, in der *môt-jûmat-* und *'arûr*-Reihe ein Partizipialsatz, in der *lo'-t^egăllā*-Reihe ein Verbalsatz mit impf.);
3. eine konstante Länge der einzelnen Sätze[2] (bei der Talionsformel 3, bei der *môt-jûmat*-Reihe 5, bei der *'arûr*-Reihe 4 Wörter; in der *lo'-t^egăllā*-Reihe sind die Satzlängen unterschiedlich[3]);
4. eine in den einzelnen Sätzen immer wiederkehrende Wendung (*tăḥăt* bzw. *b^e* in der Talionsformel, *môt jûmat*, *'arûr* und *lo' t^egăllā* in den drei anderen Reihen).

A. Alt bezeichnet diese Form als Reihe[4].

1. Die Verwandtschaft dieser Reihen zu den sogenannten Listen ist offenkundig. In beiden Fällen wird der Stoff kontinuierlich aufgefädelt; man könnte diese Aufzählung als das einfachste Formular ansprechen. Die beiden literarischen Formen Reihe und Liste unterscheiden sich allerdings in zwei Punkten voneinander: Während die Reihe einen fest begrenzten Umfang hat, ist die Liste in ihrem Umfang unbegrenzt; ferner sind die einzelnen Glieder der Reihe straff stilisiert, was bei der Liste nicht der Fall zu sein braucht. Hierin dürfte sich der entscheidende Unterschied zwischen den beiden Formen zeigen: Die Liste ist für die schriftliche Niederlegung gedacht, bei diesem Zweck ist der Umfang und das Aussehen der Aufzählung gleichgültig.

Das ist jedoch anders, wenn eine solche Aufzählung zur gedächtnismäßigen Fixierung bestimmt ist, in diesem Falle wäre ein begrenzter und ein für alle Mal feststehender Umfang — vielleicht sogar von

---

[1] K. Rabast 21.

[2] A. Alt 311 wollte in diesen Sätzen ein Metrum sehen, vgl. oben 19 Anm. 14. Es würde sich dann wohl um einen Kurzvers handeln, dazu G. Fohrer, Über den Kurzvers, anders aber K. Koch 116, der die *môt-jûmat*-Sätze für Langverse ansieht.

[3] Vgl. oben 46 Anm. 35.

[4] 311.

einer leicht einprägsamen Anzahl — sowie der Gleichbau der einzelnen Glieder zweifellos eine große mnemotechnische Hilfe[5].

Allerdings gibt es nun aber auch echte Parallelen zu den hebräischen Reihen in der altorientalischen Rechtsliteratur, bei denen von einer mnemotechnischen Absicht nicht die Rede sein kann. So hat LE § 1 eine immer wiederkehrende Apodosis:

1 kur šeʾum	*ana 1 šiqil kaspim*
3 qa ul šamnim	*ana 1 šiqil kaspim*
1 sūt 2 qa ullum	*ana 1 šiqil kaspim*
1 sūt 5 qa nāḫum	*ana 1 šiqil kaspim*
4 sāt Ì.ÍD	*ana 1 šiqil kaspim*
6 mana šipātum	*ana 1 šiqil kaspim*
2 kur ṭābtum	*ana 1 šiqil kaspim*
1 kur qaqullum	*ana 1 šiqil kaspim*
3 mana erûm	*ana 1 šiqil kaspim*
2 mana erûm masum	*ana 1 šiqil kaspim*

Auch LE § 2 hat ein fixes Element:

1 qa ullum	*ša nisḫatim*	*3 sāt šeʾšu*
1 qa nāḫum	*ša nisḫatim*	*2 sāt šeʾšu*
1 qa Ì.ÍD	*ša nisḫatim*	*8 qa šeʾšu*

Wir werden das Verhältnis von Reihe zu Liste deshalb nicht nur in der Weise beschreiben können, daß wir die Reihe der nichtschreibenden Kultur zuordnen, während die Liste zur Schriftkultur gehören würde, wo auf des mnemotechnische Gerüst verzichtet werden konnte. Sondern es gilt darüber hinaus zu bedenken, daß die Listen ja auch aller Wahrscheinlichkeit nach gelesen worden sind und das sicher nicht in der Gestalt, in der sie vorliegen. Der Leser wird Sätze oder doch wenigstens Ellipsen gebildet haben, wobei es das einfachste war, diese Sätze syntaktisch und je nach den Gegebenheiten auch lexikalisch gleich zu gestalten, wodurch ja auch das Wesentliche auf dem Hintergrund der monotonen Wiederholungen gut hervorgehoben werden konnte[6]. So aber entsteht eine Reihe. Die Reihen müssen also auch als gelesene Listen verstanden werden[7].

---

[5] G. Fohrer 51; der mnemotechnische Erfolg dieser Reihen zeigt sich auch deutlich in dem blockweisen Auftreten der Zitate der Talionsformel sowie der *môt-jûmat*-Reihe, vgl. oben 4 und 17.   [6] A. Alt 311.

[7] Es könnte sein, daß wir diesen Aspekt zu der Deutung des Nebeneinanders der beiden Versionen der Talionsformel, vgl. dazu oben 3 und 15 Anm. 44, nachtragen müssen: Die Liste *næpæš*

‘*ăjin*

šen

jad

rægæl wurde von dem einen Redaktor als *næpæš tăḥăt næpæš* etc., von einem anderen aber als *næpæš bᵉnæpæš* etc. ausgeführt.

2. A. Alt sieht in der Reihenbildung das »Lebensgesetz des israelitischen apodiktischen Rechtsstils«[8]. Es hat sich aber oben gezeigt,
daß das Vorkommen von Reihen weder auf die hebräische Literatur
noch auf das — nach A. Alts Definition — apodiktische Recht
beschränkt ist. Verstehen wir die Reihen zu Recht als sprachlich
ausgeführte Listen, dann hätten wir überhaupt mit einem noch
wesentlich größeren Anwendungsbereich dieser literarischen Form zu
rechnen.

Andererseits ist aber auch zu fragen, ob wir hinter jeder Gruppe
von zwei oder drei gleichgebauten Sätzen bereits den Splitter einer
Reihe vermuten dürfen[9], auf alle Fälle muß man sich dann des stark
hypothetischen Charakters der auf diesem Weg rekonstruierten Reihen bewußt sein.

3. Der Umfang dieser Reihen muß ohnehin reiflich bedacht werden: A. Alt wollte für die *môt-jûmat-*, die *'arûr-* und auch für die
lo'-t^{e}gällǣ-Reihe eine Länge von zwölf Sätzen erreichen[10], und diese
Tendenz ist bis heute in der einschlägigen Literatur zu entdecken[11].

Wahrscheinlich ist dabei die Zwölfzahl der israelitischen Stämme
das Leitbild[12]. Wenn wir jedoch die hier besprochenen Reihen zum
größten Teil dem nomadischen Kulturerbe Israels zuzurechnen haben[13],
dann fällt dieses Leitbild aus historischen Gründen allerdings weg;
man wird unter diesen Umständen eine Grundzahl des (genuin semitischen) Dezimalsystems als Anzahl der Sätze einer Reihe voraus-
zusetzen haben, die als leicht im Gedächtnis zu behaltende Zahl die
Erinnerungshilfe für den Umfang dargestellt haben wird. Dafür bietet
sich die Zahl zehn besonders an, für kleinere Reihen die Zahl fünf.

Die Bedeutung der Zahl zwölf dagegen stammt aus dem mesopotamischen Zahlensystem und ist wohl vor allem durch die Zeitrechnung
im Alten Orient verbreitet worden. Wenn sie in der alttestamentlichen
Literatur einen gewissen Stellenwert erlangt hat, so deswegen, weil
dort mit einer Amphiktyonie als politischer Struktur des alten Israel
gerechnet wird; und diese Amphiktyonien sind, soweit sie uns bekannt
sind, zu dem Zweck geschaffen worden, die von den Mitgliedern auf-
zubringenden Arbeiten an einem gemeinsamen Heiligtum monatlich
oder zweimonatlich umzulegen[14]. Insofern ist der Umfang und die

---

[8] 310f.

[9] So K. Rabast a. a. O.; H. Schulz a. a. O., nach dessen Meinung »größere Reihen . . .
erst in späterer Zeit allmählich zustande« kamen; ähnlich G. Fohrer.

[10] 320 und öfter.

[11] So rechnet auch G. Fohrer 51 mit 10 oder 12 Gliedern Umfang der einzelnen Reihen.

[12] H. J. Kraus 169.

[13] Zur *lo'-t^{e}gällǣ*-Reihe, wo die Herkunft nicht eindeutig zu bestimmen ist, vgl. oben 46.

[14] M. Noth, Geschichte Israels, 85ff.; anders G. Fohrer, ThLZ 91, 801ff., besonders
814, der in der Zahl zwölf »die Grundzahl des Sexagesimalsystems, letztlich die

Gliederung dieser Verbände durch den Einfluß der mesopotamischen Zeitrechnung und nicht durch das jeweils gültige Zahlensystem bedingt.

Wir werden die Zahlen fünf und zehn, auf die wir bei der Rekonstruktion der oben behandelten Reihen gestoßen waren, als Norm anzusehen haben und als Richtschnur bei der Wiederherstellung anderer Reihen verwenden dürfen.

---

runde Zahl einer Gesamtheit« und in der Zwölfzahl der israelitischen Stämme »nichts anderes . . ., als daß die angeführten Stämme jeweils die Gesamtheit Israels darstellen sollten« sieht.

VI. Das Problem der Gattungen

Als A. Alt die Frage nach den Gattungen des israelitischen Rechts aufwarf[1], konnte er nur auf einige wenige Vorarbeiten zurückgreifen[2]. Seine Absicht war es, »die vorhandenen Ansätze einmal zusammenzufassen und soweit vorzutreiben, daß aus dem Nebeneinander der Gattungen das Spannungsverhältnis der im israelitischen Recht von seinen Ursprüngen her wirksamen Kräfte erkennbar wird«. Die sich an »Die Ursprünge des israelitischen Rechts« anschließende Diskussion[3] hat gezeigt, daß A. Alt wohl seine Schlüsse etwas zu schnell gezogen hat. Andererseits treten jedoch in seiner Arbeit auch bereits die Einzelfragen deutlich hervor, in die das Problem der Gattungen des israelitischen Rechts zerfällt:

1. Gibt es mehrere Gattungen von Rechtssätzen, und wo sind die Grenzen zwischen ihnen zu ziehen?
2. Gibt es eine genuin israelitische Rechtssatzgattung, und worin unterscheidet sie sich von den Rechtssätzen in der übrigen altorientalischen Rechtsliteratur?
3. Gibt es Rechtssatzgattungen, die in irgendeiner Weise kultisch relevant sind?

A. Alt hatte alle drei Fragen positiv beantwortet; er entdeckte in der alttestamentlichen Rechtsliteratur zwei Gattungen: auf der einen Seite das apodiktische Recht, das seiner Meinung nach sowohl genuin israelitisch als auch kultisch relevant ist, und das er in folgender Weise charakterisierte[4]: Es zeige »keine Berücksichtigung des subjektiven Verschuldensmomentes«[5], es behandle »Dinge, . . . um die sich das kasuistische Recht überhaupt nicht kümmerte und seiner profanen

---

[1] Die Ursprünge des israelitischen Rechts.

[2] Vgl. 285 Anm. 1.

[3] Vgl. oben 1 Anm. 3.

[4] Die Begriffe apodiktisch und kasuistisch werden im folgenden zunächst nach der Definition A. Alts bzw. der anderen zitierten Verfasser verwendet.

[5] 305 und öfter; in den von A. Alt unter die Gattung des apodiktischen Rechts subsumierten Texten liegt dieses Merkmal unbestreitbar vor; nur ist zu fragen, ob es sich hierbei um ein gattungskonstitutives Merkmal oder nicht vielleicht eher um ein allgemein rechtshistorisches Phänomen handelt, kann man doch innerhalb des kasuistischen Rechts eine im Laufe der Geschichte immer stärker werdende Beachtung des subjektiven Verschuldensmomentes beobachten.

4*

Art nach gar nicht kümmern konnte«[6], es lasse eine »unmittelbare Bezogenheit auf den strengen Willen des Volksgottes«[7] erkennen, es sei niedergelegt »in kurzen Reihen möglichst gleichmäßig gestalteter kurzer Sätze«[8], es rede mit »Wucht des Ausdrucks«[9], es stelle »bei aller Variation der Form immer kategorische Prohibitive«[10] dar und habe seinen Sitz im Leben in dem »Kernstück eines sakralen Aktes von nationalem Ausmaß«[11] gehabt; auf der anderen Seite das kasuistische

---

[6] 312ff.; es ist in den Kapiteln I bis IV deutlich geworden, daß in der Talionsformel, in der *môt-jûmat*- und in der *'arûr*-Reihe sowie in gewissem Maße auch in der *lo'-tᵉgällœ*-Reihe, in Texten also, die nach A. Alts Ansicht den Prototyp des apodiktischen Rechtsstils darstellen, dasselbe juristische Material behandelt wird, das man in den altorientalischen kasuistischen Rechtssammlungen findet, daß andererseits aber gerade jene Sätze mit der Rechtsfolge *môt-jûmat*, die sich mit sakralen oder ähnlichen in den altorientalischen Sammlungen nicht oder nur ganz selten behandelten Delikten befassen, nicht zum ursprünglichen Bestand der *môt-jûmat*-Reihe gehören, sondern sekundäre Nachbildungen darstellen, von denen aus auf das Wesen der Reihe und ihrer Gattung gerade nicht geschlossen werden darf.

[7] 309f.; sofern das nicht vielmehr ein Merkmal der jeweiligen Kontexte ist, in die die apodiktischen Normen eingebaut worden sind, so beschränkt sich diese Bezogenheit darauf, daß der Leser direkt angeredet wird, was allerdings auch für nur einen Teil der von A. Alt zum apodiktischen Recht gezählten Texte zutrifft; bei der Talionsformel und den beiden Partizipialreihen kann diese »Bezogenheit auf den strengen Willen des Volksgottes« höchstens hineingelesen werden, vor allem aber lassen sich eben viele Rechtsfälle, die in der Talionsformel oder in den beiden Partizipialreihen behandelt werden, mit zum Teil identischer Rechtsfolge in außerisraelitischen Rechtssammlungen nachweisen, in denen eine Bezogenheit auf Jahwe schlechterdings nicht erwartet werden kann, vgl. oben 14, 28f., 37 und 44.

[8] 322.

[9] 308; dieses besonders stark gefühlsmäßig bedingte Argument zu definieren, dürfte schwerfallen.

[10] 322; hier hat wohl A. Alt übersehen, daß es in den Texten, die er als apodiktisches Recht anspricht, fast ausschließlich um Strafrecht geht, und Strafrecht ist wohl seiner Intention nach immer prohibitiv, wenngleich das freilich auch oft mehr der hinter dem wie auch immer sprachlich ausgedrückten Rechtssatz sich verbergende Rechtswille als der expressis verbis vor uns liegende Inhalt des Satzes wie beispielsweise bei der *lo'-tᵉgällœ*-Reihe ist. Wer vermag aber zu behaupten, daß man in Israel mit diesen literarischen Formen ausschließlich Strafrecht und nicht auch anderes juristisches Material ausgedrückt hat? Die alttestamentliche Tradition wird uns doch wohl auch in diesem Falle kaum ein vollständiges Bild bieten. Aber auch G. Fohrer 51 hat anscheinend nur das Strafrecht im Auge, wenn er sagt: »Die apodiktisch formulierten Sätze sollen das Begehen einer strafwürdigen Tat oder Unterlassung gerade von vornherein verhindern und gehen sachlich dem Recht voraus.«

[11] 324; diese Erkenntnis gewinnt A. Alt aus der Analyse des Kapitels Dtn 27, dessen Literargeschichte, wie schon oben 32 und 36 angesprochen, dunkel ist; deutlich ist nur das eine: Die *'arûr*-Reihe ist in dem Zusammenhang, in dem sie jetzt steht, literarisch und auch sachlich sekundär. Damit aber dürfte die Bedeutsamkeit dieses Kapitels für die Bestimmung der Ursprünge des apodiktischen Rechts hinfallen.

Recht, das A. Alt für gemeinaltorientalisch und forensisch relevant hält: Es sei aus »auf einen billigen Ausgleich der Ansprüche im Verhältnis von Mensch zu Mensch«[12], es besitze ein »schwaches religiöses Element«[13], es zeige eine »völlig neutrale Stellung . . . gegenüber der Eigenart israelitischen Denkens und Wollens«[14], es rede in »objektivem Wenn-Stil«, in »Satzgefügen mit . . . Unter- und Überordnung« und in »ruhig dahinfließenden Sätzen«[15] und habe seinen Sitz im Leben im »Betätigungsbereich der normalen Gerichtsbarkeit«[16] gehabt.

Die erste Resonanz auf A. Alts epochemachende Arbeit reichte von begeisterter Zustimmung[17] bis zu grundsätzlichem Zweifel[18]; die meisten aber haben A. Alts Thesen weitergeführt oder leicht korrigiert:

---

[12] 294; diese Absicht ist freilich auch so mancher Norm des apodiktischen Rechts nicht fremd, man denke beispielsweise an den Dekalog; andererseits aber geht es auch dem kasuistischen Recht sehr wohl um die Begleichung der Ansprüche des Staates, der Tempel etc.

[13] 295; wir sahen oben 12, 23 und 35, daß das religiöse Element im apodiktischen Recht so gut wie ausschließlich auf die Kontexte beschränkt war oder in sekundären Nachbildungen spürbar wurde, dagegen rechnet das kasuistische Recht durchaus mit sakralen Institutionen wie Eid, Ordal oder Tempelasyl, so daß man wohl sogar hier von einem stärkeren religiösen Element wird reden müssen.

[14] 291; auch hier vergleicht A. Alt das kasuistische Recht wiederum nur mit den Kontexten der apodiktischen Reihen, in denen diese aber fast durchweg sekundär sind; mindestens die *môt-jûmat*-Reihe aber ist gerade vorisraelitisch, vgl. dazu oben 31.

[15] 287; vor allem das letzte Urteil scheint für A. Alts Betrachtungsweise charakteristisch zu sein, handelt es sich doch hier um eine stark gefühlsmäßig hervorgerufene Wertung; sie ist nicht als falsch zu bezeichnen, nur kann man eben durchaus mit dem gleichen Recht behaupten, der Satz *măkkē 'îš wamet môt jûmat* fließe ruhig dahin.

[16] 288; wir hatten oben im Kapitel I bis III eingestehen müssen, daß auch die Sätze der Talionsformel, der *môt-jûmat-* sowie der *'arûr*-Reihe für die Verwendung in der Gerichtsbarkeit geeignet und geschaffen sind.

[17] Vgl. die Rezension W. F. Albrights in JBL 55, 164ff.

[18] Vgl. B. Landsbergers Verständnis des Bundesbuches, 223, »das wohl eine aus der Übung priesterlicher 'Rechts- und Moralpredigten' entstandene Literaturgattung darstellt. Hier finden wir, wenn wir die akkadische Ausdrucksweise anwenden, säuberlich voneinander geschieden, einen Abschnitt 'dinu', (als Predigt ausgestaltete) Belehrung über das geltende Recht (Ex 21 2—22 18), sodann 'kibsu', Regeln für soziales Wohlverhalten, das über den Rahmen der Gesetzesvorschriften hinausgeht, (bis 23 12), von hier ab ein Kapitel 'parşu', religiöse Vorschriften«; dazu auch Anm. 19: »Der Meinung von Alt kann ich mich nicht anschließen. Gerade der lebendige Predigtstil motiviert den Wechsel in der Satzform.« Das letzte Urteil ist im Blick auf die alttestamentliche Textgestalt mit wenigen Ausnahmen ganz sicher richtig; doch bei den oben behandelten Passagen liegt eben wohl doch eine Ausnahme vor, insofern sie deutlich als Fremdkörper erkennbar sind; an diesen Stellen darf wohl mit A. Alt hinter den jetzigen Text analytisch zurückgegriffen werden.

Unmittelbar auf A. Alts Verständnis des apodiktischen Rechts baut M. Noth seine Untersuchung über die vom apodiktischen Recht vorausgesetzte Ordnung auf, die er in dem amphiktyonischen Zwölfstämmeverband Israel sieht[19]. Dieser Weg ist später von H. Graf Reventlow weiter beschritten worden[20].

Als erster scheint F. Horst die sachliche Richtigkeit der A. Altschen Grenzziehung zwischen diesen beiden Gattungen von Rechtssätzen angezweifelt und neu durchdacht zu haben. Seiner Meinung nach hat »Israel nicht nur jenen im Alten Orient verbreiteten kasuistischen Rechtsstil auf kanaanäischem Boden übernommen. Es besaß seinerseits eine Stilform, die den Rechtsfall partizipial vortrug und die Rechtsfolge (die Sanktion) entweder im Prädikat nachfolgen ließ oder sie in der Fluchformel über den Täter vorausnahm und beidemal exkommunikative Wirkungen aussprach. Es hatte ferner seine 'Du-sollst-' beziehungsweise 'Er-soll-'Formulierungen, die man (anders als A. Alt es tut) als 'apodiktisch' bezeichnen könnte.«[21] Diese Bemerkung steht in einem etwas anders thematisierten Aufsatz, wodurch es sich vielleicht erklären läßt, daß auf seine Ansicht in der einschlägigen Literatur fast nicht eingegangen worden ist. F. Horst kommt aber der tatsächlichen Sachlage schon sehr nahe, wenn er die Partizipialformulierungen aus dem apodiktischen Recht ausklammert. H. Gese und unabhängig von ihm R. Kilian sind freilich noch einen Schritt weiter gegangen, sie haben den kasuistischen Charakter der Partizipialsatzformulierungen bewiesen. So rechnet H. Gese alles das zum kasuistischen Recht, »wo eine bestimmte Rechtsfolge einem bestimmten Rechtskasus zugeordnet ist«, sei der Rechtskasus nun durch einen Konditionalsatz, einen Relativsatz[22] oder durch ein Partizip ausgedrückt, und beschränkt das apodiktische Recht auf die Sätze, »die wohl allgemein Recht setzen, indem sie festlegen, was Unrecht ist, die aber kein Richten ermöglichen, weil sie keine Rechtsfolge bestimmen«; dieses apodiktische Recht habe »seinen Sitz im Gottesdienst oder allgemein in der Erziehung des israelitischen Menschen«, aber keinerlei Beziehung zu irgendeiner Rechtspraxis[23]. Diese Definition hat E. Gerstenberger übernommen und für das apo-

---

[19] Die Gesetze im Pentateuch.
[20] Kultisches Recht im Alten Testament 294.
[21] Recht und Religion im Bereich des Alten Testaments 49.
[22] H. Graf Reventlow a. a. O. 273 meint, A. Alt rechne auch die Relativsatzformulierungen zum apodiktischen Recht, eine Bemerkung zu diesem Stil läßt sich aber in A. Alts Arbeit nicht entdecken; doch auch R. A. F. MacKenzie, The Formal Aspect of Ancient Near Eastern Law, 31ff., bezeichnet die in Relativsatzgefügen abgefaßten neubabylonischen Gesetze als apodiktisches Recht.
[23] Beobachtungen zum Stil alttestamentlicher Rechtssätze 147ff.; vgl. dazu zum Teil kritisch H. Schulz 73.

diktische Recht weiter ausgebaut[24]. Und R. Kilian kommt zu demselben Ergebnis: »Rein formal betrachtet ist die einzelne Partizipial-
bestimmung kasuistischer Natur.«[25] Denn »das wesentliche Unter-
scheidungsmerkmal von Apodiktik und Kasuistik samt Partizipialform liegt ... darin, daß es sich in den beiden letzteren Formen
jeweils um einen Fall mit einer Folge handelt ..., während die Apodiktik keinen Fall und keine Folge berücksichtigt«[26].

Diese gut fundierte Grenzziehung hat nun H. Graf Reventlow
wieder rückgängig machen wollen; er stellt in Anlehnung an S. Mowinckel[27] im Blick auf diese neue Definition des apodiktischen Rechts
die Frage, »ob es ohne Zusammenhang mit einer Sanktionsdrohung
verkündetes Recht überhaupt je gegeben hat«, und ob deshalb »der
von Gese und Gerstenberger gezogene Trennungsstrich innerhalb der
von Alt zum apodiktischen Recht gerechneten Gruppen« denn noch
»berechtigt ist«, ja ob nicht dann sogar »die von Alt vorgenommene
Trennung zwischen apodiktischem und kasuistischem Recht ins Wan-
ken gerät; ein grundsätzlich verschiedener Sitz im Leben läßt sich
nicht konstatieren«[28]. Die Partizipialsätze wie beispielsweise die
môt-jûmat-Reihe hält er für Repräsentanten einer »älteren Stufe als
die kasuistischen Formulierungen«[29]. »Wir hätten vielleicht nur die
Produkte aus verschiedenen Stadien der Rechtsentwicklung miteinander vereint. Sämtliche Stadien rechneten jedoch mit einem Strafvollzug.«[30]

Einen neuen Gedanken hat dann G. Fohrer in die Diskussion ein-
gebracht, der feststellt, man müsse »zwischen dem apodiktischen
Stil ... und den apodiktischen Satzreihen ... grundsätzlich

---

[24] Wesen und Herkunft des sogenannten apodiktischen Rechts.

[25] Apodiktisches und kasuistisches Recht im Licht ägyptischer Parallelen 194; doch
vgl. dazu oben 25 mit Anm. 46.

[26] A. a. O. 189.

[27] Psalmen-Studien V, 112; er unterscheidet zwei Typen von Texten, in denen eine
Segens- oder Fluchformulierung auftreten kann: In der einen Art ist die Sanktionsdrohung unmittelbar mit der zum Segen oder Fluch führenden Handlung verknüpft
dargestellt — damit vergleicht H. Graf Reventlow die Partizipialformulierungen;
bei der anderen Art werden zunächst Forderungen gestellt und zum Schluß in einem
eigenen Abschnitt Segen und Fluch systematisch behandelt — darin sieht H. Graf
Reventlow die Ge- und Verbote des nach H. Gese eigentlichen apodiktischen Rechts.

[28] Kultisches Recht im Alten Testament 282; dies ist zweifellos richtig, solange vorausgesetzt wird, daß es im Inhalt um Recht und nichts anderes geht, denn Recht
ist sicher nie ohne Sanktionsdrohung verkündet worden, anders mag das beispielsweise bei sittlichen Normen sein, vgl. unten 59 f.

[29] 294.

[30] 283; vgl. dazu auch W. Schottroff 112, der in »den hebr. partizipialen Kasus-
beschreibungen ... den volkstümlichen Versuch, Kasus zu bilden« sieht.

unterscheiden«[31]; als Gattung — im Gunkelschen Sinne — könnten allein die apodiktischen Satzreihen angesprochen werden, aber auch die »enthalten durchaus nicht immer 'Recht'«, sie »gehen dem Recht sachlich voraus«[31].

Ein von A. Alt mehr oder weniger unabhängiger Versuch, Gattungen von Rechtssätzen zu definieren, stammt von R. A. F. Mackenzie[32] und ist von W. Kornfeld übernommen worden; für sie ist das Charakteristikum des apodiktischen Rechts die Zukünftigkeit der Handlung, die es verlangt oder verbietet, das kasuistische Recht dagegen wäre verkündet worden, »nachdem die Tat begangen wurde«[33]. Ebenfalls ziemlich selbständig ist die Konzeption C. Feuchts, der sämtlichen in der alttestamentlichen Literatur vorhandenen Rechtssatzformulierungen jeweils bestimmte Institutionen des alten Israel als Sitz im Leben zuzuordnen versucht[34]:

Wenn-Formulierung	Sitz im Leben: Rechtsgemeinde
ungebundene isch-ki-Formulierung[35]	priesterliche Gemeindebelehrung und priesterliches Berufswissen innerhalb der Kultgemeinde
ungebundene isch-ascher-Formulierung	dito
Partizipialformulierung	Rechtsgemeinde, ferner priesterliche Gemeindebelehrung innerhalb der Kultgemeinde
metrische isch-ki- und isch-ascher-Formulierung	Rechtsgemeinde
Fluchformulierung	Rechtsgemeinde, ferner Gesetzesverpflichtung innerhalb der Kultgemeinde
Du-sollst-Formulierung	Familie, ferner Gesetzesverpflichtung und priesterliches Berufswissen innerhalb der Kultgemeinde
Ihr-sollt-Formulierung	Familie, Staat, Orden sowie priesterliche Gemeindebelehrung innerhalb der Kultgemeinde
Jussivformulierung	Rechtsgemeinde, Staat sowie priesterliches Berufswissen innerhalb der Kultgemeinde
Wenn-du-Formulierung	levitische Gesetzespredigt innerhalb der Kultgemeinde
Wenn-ihr-Formulierung	priesterliche Gemeindebelehrung innerhalb der Kultgemeinde

---

[31] 51.

[32] The Forms of Israelite Laws.

[33] 49; das ist wohl in Wahrheit kein Unterschied, denn alles verkündete Recht bezieht sich auf geschehene Fälle und will zugleich die Zukunft beeinflussen, das heißt normieren.

[34] 124f.

[35] Dieser Stil tritt Lev 25 16ff. ebenfalls als Ausdrucksweise für Normen der Rechtsgemeinde auf.

Diese elf Stilformen hält C. Feucht für Gattungen im Gunkelschen Sinne[36]. Bei der Betrachtung dieser Tabelle fällt auf: Ein und dieselbe Situation konnte also durchaus für gleiche Inhalte unterschiedliche Ausdrucksweisen hervorbringen, während andererseits ein und dieselbe Form auch für die Wiedergabe verschiedener Inhalte in unterschiedlichen Situationen verwendet worden wäre. Das widerspricht aber der Grundvoraussetzung der Gattungsforschung, nach der Inhalt, Form und Sitz im Leben einer sprachlichen Äußerung regelmäßig in einer gewissen Eindeutigkeit einander zugeordnet sind. Da sich die gattungsgeschichtliche Forschung in anderen Bereichen der Literatur gut bewährt hat[37], drängt sich der Schluß auf, hier sei diese Methode fehlerhaft angewendet. Sachliche Fehler lassen sich aber in C. Feuchts Zusammenstellung nicht finden[38]. Es muß sich hier also um eine Grenze der Anwendungsmöglichkeit gattungsgeschichtlicher Forschung handeln, die überschritten worden ist. An dieser Stelle soll die vorliegende Neubestimmung einsetzen[39].

Auch das von A. Alt betonte genuin israelitische sowie kultisch relevante Wesen des apodiktischen Rechts ist verschiedentlich in der Literatur aufgegriffen und korrigiert worden: Nachdem B. Landsberger schon 1939 die Besonderheit der alttestamentlichen Rechtstexte abgestritten hatte[40], hat dann T. J. Meek darauf hingewiesen, daß in den Rechtssammlungen des Zweistromlandes ebenfalls kasuistische und apodiktische Rechtssätze miteinander vermischt seien[41]. Außerisraelitische Parallelen zu den Partizipialsatzformulierungen hat R. Kilian in den ägyptischen Ächtungstexten sehen wollen[42],

---

[36] C. Feucht sagt dazu 122, »daß die einzelnen Lebensbereiche der Glieder des auserwählten Volkes für ihre Regeln jeweils einen besonderen Stil, zuweilen sogar mehrere Stilarten herausgebildet haben. Solchen einmal festgesetzten Normen fühlte man sich verpflichtet; sie kehren in den Willenskundgebungen des betreffenden Kreises immer wieder«.

[37] Zu den Einschränkungen vgl. K.-H. Bernhardt, Die gattungsgeschichtliche Forschung am Alten Testament als exegetische Methode.

[38] Allerdings muß gefragt werden, ob es richtig ist, die Partizipialformulierung von der Fluchformulierung zu unterscheiden.

[39] Dazu unten 59.   [40] Vgl. oben 53 Anm. 18.

[41] In J. B. Pritchard, Ancient Near Eastern Texts relating to the Old Testament, 183 Anm. 24 zu MaG § 40: »In this section we have a mixture of casuistic and apodictic law, just as we have in Hebrew legislation; see also Tablet A, §§ 57—59; Tablet B, § 6; Code of Hammurabi, §§ 36, 38—40; and the Neo Babylonian Laws . . .«; was T. J. Meek im Blick hat, ist aber doch wohl nicht A. Alts apodiktisches Recht, sondern das, was C. Feucht Jussivformulierung nennt, und diesen Stil würde wohl auch A. Alt als kasuistisch angesehen haben, denn derartige Formulierungen kommen regelmäßig innerhalb kasuistischer Rechtssammlungen vor, vgl. außer den angeführten Stellen auch Ex 22 2.

[42] Apodiktisches und kasuistisches Recht im Licht ägyptischer Parallelen.

S. Gevirtz zieht syrisch-palästinensische Inschriften zum Vergleich heran[43]; doch all diese Parallelen treffen nicht eigentlich zu[44], so daß A. Alts Position von hier aus nicht angegriffen werden kann.

Altorientalische Parallelen zu den apodiktischen Formulierungen im engeren, H. Geseschen Sinne hat G. Heinemann in den Grundsatz- und Einzelbestimmungen der hethitischen Vasallenverträge gesehen[45]; dem widersprach E. Gerstenberger unter Hinweis auf den entscheidenden Unterschied in der Größenordnung des Geltungsbereiches der jeweiligen Normen, er trennt den apodiktischen Stil vom Formular der Vasallenverträge und sieht — entgegen A. Alts These von der kultischen Relevanz — seinen Ursprung in der autoritativen Unterweisung des Sippenvaters[46]. Doch hierbei handelt es sich wohl um ein Scheinproblem, denn der »apodiktische Stil . . . ist so alt, wie das erste von Menschen formulierte Gebot oder Verbot und gehört zu den Urformen menschlicher Redeweise, so daß es sinnlos ist, nach einem gemeinsamen geschichtlichen Ursprungsort für die Vorkommen apodiktischer Einzelsätze in den verschiedenen altorientalischen Literaturen zu suchen«[47].

Ansonsten ist aber A. Alts Vorstellung von der kultischen Bezogenheit des apodiktischen Rechts nach mehreren Seiten hin unterstützt worden: R. Kilian ist der Ansicht, daß »Metrum, Reihenbildung sowie Inhalt, insbesondere der Apodosis« der Partizipialsatzformulierungen »eindeutig auf den kultischen Hintergrund dieser Satzungen« weisen[48]. G. von Rad hat aus der Form der Sinaiperikope, des Deuteronomiums und anderer alttestamentlicher Passagen auf eine »Festlegende« für das sog. Bundesfest geschlossen, in dessen Mittelpunkt ein Gesetzesvortrag gestanden habe[49]; und H. Graf Reventlow sichert die kultische Relevanz des apodiktischen Rechts schließlich in einem umfänglichen Ausfatz ab, indem er »kultisches Recht« definiert: »Unter ‘kultischem’ Recht verstehen wir nach diesem Begriffe alle die Stoffe, die in der Rechtsproklamation des Bundesfestes von dem bevollmächtigten Sprecher als Gotteswille verkündigt werden — ‘kultisch’ im Rahmen einer Gestalt des Gottesdienstes, der Israel von den Kultformen aller umliegenden Völker gerade unterscheidet, welche die Bezeichnung ‘Kultus’ im gewohnten Sinne verdienen.«[50]

---

[43] West-Semitic Curses and the Problem of the Origins of Hebrew Law.
[44] Vgl. oben 25 Anm. 46.
[45] Untersuchungen zum apodiktischen Recht.
[46] Wesen und Herkunft des sogenannten apodiktischen Rechts im Alten Testament.
[47] G. Fohrer 51.
[48] 194; die einschlägigen Texte lassen sich jedoch auch anders verstehen, vgl. oben die Besprechung der *môt-jûmat-* und der *’arûr-*Reihe.
[49] Das formgeschichtliche Problem des Hexateuch.
[50] Kultisches Recht im Alten Testament 270.

Eine Neubesinnung über das Problem der Gattungen im israelitischen Recht muß davon ausgehen, daß uns bei der Untersuchung der einschlägigen Texte von den drei Größen Inhalt, Sitz im Leben und Form, durch die eine Gattung bestimmt ist, lediglich Inhalt und Form verfügbar sind; der Sitz im Leben ist nicht nur vielfach durch den Einbau in die kanonische Literatur nicht mehr zu erkennen, sondern zuweilen auch bewußt verändert worden[51]. Es kann deshalb zunächst nichts anderes getan werden, als daß wir Inhalt und Form der in Frage kommenden Materialien auf mögliche Unterschiede hin untersuchen, die es nahelegen könnten, Gattungsgrenzen zu ziehen; sollte dieser Fall eintreten, müßte dann in einem zweiten Arbeitsgang auf den jeweiligen Sitz im Leben geschlossen werden.

1. Im Blick auf die inhaltliche Seite der zur Debatte stehenden Texte ist es notwendig, sich klar zu machen: Nicht alles, was formal in Normen gefaßt ist, gehört deshalb schon zum Recht beziehungsweise zur Gattung Rechtssatz. In der alttestamentlichen Literatur stehen zwar juristische Normen mit sittlichen und rituellen Anordnungen auf engstem Raum nebeneinander; das scheint hier aber legitim zu sein, denn »das Alte Testament ist nicht daran interessiert, uns über die Rechtsverhältnisse Israels eine einigermaßen vollständige und geordnete Übersicht zu geben. Dagegen will es ausreichend Zeugnis geben von der in seinem Handeln an Israel begründeten Heilsgeschichte Gottes. Doch indem es das tut, besteht Anlaß, gewisse Fakten des politischen, kulturellen wie religiösen Lebens zur Kenntnis zu bringen«[52], und auf diesem Wege sind uns auch Rechtstexte überliefert worden, die andernfalls sicher der Vergessenheit anheimgefallen wären[53]. Daß diese nun aber in den so entstandenen Texten mit sittlichen und rituellen Normen vermischt zu finden sind, gibt uns nicht das Recht anzunehmen, das alles wäre von dem antiken Menschen stets und grundsätzlich als eine sachliche Einheit betrachtet und behandelt worden; immerhin hat man mindestens im Zweistromland juristische Sachverhalte regelmäßig von anderen Themen isoliert behandelt, und damit vergleichbar ist auch der Kodex Ex 21 2 bis 22 16, der ganz gewiß eine Eigenexistenz hinter sich gehabt hat, bevor er in der alttestamentlichen Literatur verarbeitet wurde.

---

[51] Vgl. z. B. die Zitierung der 'arûr-Reihe in einem Ritual; diese Schwierigkeit gilt übrigens auch zum Teil für die außerisraelitischen Rechtsquellen des Alten Orients, vgl. unten Anm. 53.

[52] F. Horst, Recht und Religion im Bereich des Alten Testaments, 260.

[53] Das Schicksal der Überlieferung in sachfremden Kontexten teilen die israelitischen Rechtszeugnisse freilich mit den anderen altorientalischen Rechten; so sind uns der Codex Urnammu und der CL nur bzw. auch auf Schultafeln überliefert, die offenbar als Schreibübung angefertigt worden sind; solche Schultafeln existieren aber auch von dem an sich durch die in Susa gefundene Stele bekannten CH.

Da nun aber bei der Anwendung der gattungsgeschichtlichen Methode der exakten Bestimmung des Inhaltes und seiner scharfen Abgrenzung gegenüber anderen Inhalten eine ausschlaggebende Bedeutung zukommt, muß es doch wohl als eine Fehlerquelle betrachtet werden, wenn in einer formgeschichtlichen Untersuchung juristische, sittliche und rituelle Normen als eine Einheit angesehen würden[54]. Diese Fehlerquelle soll hier nach Möglichkeit ausgeschaltet werden; deshalb wird im folgenden allein das als Rechtssatz bezeichnet und als Untersuchungsmaterial verwertet, was in seinem Inhalt eindeutig und ausschließlich juristische Normen bietet. Dabei soll der Maßstab der Abgrenzung dieses Themas möglichst mit der altorientalischen Vorstellung von der Breite des Lebensbereiches Recht zusammenfallen, mit anderen Worten: Nur das soll als juristisches Material gelten, was auch im Alten Orient mit Sicherheit in ein Rechtsbuch aufgenommen worden wäre. Und was in diesen Sammlungen als zusammengehörig nebeneinandergestellt worden ist, das sind durchweg Normen, die die Beziehungen zwischen Menschen untereinander oder zu Gemeinschaften und Institutionen beziehungsweise unter Gemeinschaften und Institutionen regeln und einen Anspruch begründen, der im Nichterfüllungsfalle durchgesetzt werden kann. Von der Aufstellung der nach C. Feucht in der hebräischen Literatur vorhandenen »Rechtssatz«formulierungen[55] bleiben unter diesem Gesichtspunkt betrachtet lediglich die Wenn-Formulierung,

Partizipialformulierung[56],

Jussivformulierung,

Du-sollst-Formulierung und

Ihr-sollt-Formulierung

für die weitere Untersuchung übrig, denn allein damit werden juristische Inhalte ausgedrückt.

Beim näheren Hinsehen verringert sich aber der Umfang des Beobachtungsmaterials noch weiter. Es ist nämlich zu fragen, ob in denjenigen Sätzen, die als Anrede im sing. oder plur. abgefaßt sind,

---

[54] Anders z. B. F. Horst, der a. a. O. 261 sagt, »daß in der biblischen Rechtsüberlieferung nicht nur Zivilrechtliches, Strafrechtliches und Prozeßrechtliches, wie in den Rechten des Alten Orients, sondern nun auch Kult- und Ritenrecht und mancherlei Rechtsbelehrung eng und zusammengewürfelt beieinanderliegt«; auch R. Rendtorff, Die Gesetze in der Priesterschrift, geht in seiner Arbeit von der A. Altschen Anwendung der gattungsgeschichtlichen Methode auf »gesetzliche Texte« aus, behandelt dann aber — bedingt durch die Begrenzung seines Themas — nicht einen einzigen juristischen Text, der sich mit denen bei A. Alt, Die Ursprünge des israelitischen Rechts, besprochenen Texten vergleichen ließe.

[55] Vgl. oben 56.

[56] Vgl. oben 57 Anm. 38.

und in denen durchaus unter anderem auch juristische Inhalte entsprechend unserer Definition behandelt werden, tatsächlich Rechtssätze vorliegen. Zwei Indizien sprechen wohl dagegen: Einmal ist ausnahmslos in all den Texten, in denen dieser Stil vorkommt, juristisches Material mit sittlichen und rituellen Stoffen vermengt dargestellt. Und zweitens sind die juristischen Materialien, die in diesem Stil verfaßt sind, entweder überhaupt nicht oder doch wenigstens nicht nach den sonst üblichen Gesichtspunkten der altorientalischen Rechtssystematik geordnet. Betrachten wir als Beispiel das sogenannte Bundesbuch; Sätze in dem zur Diskussion stehenden Stil finden sich ganz am Anfang Ex 20 23-26, dann in der Interpolation Ex 21 13f., die in das Zitat der *môt-jûmat*-Reihe innerhalb einer Lücke in dem Kodex Ex 21 2—22 16 eingeschoben ist[57], und schließlich ab 22 17:

Ex 20 23-26	Herstellung von Götzenbildern, Baumaterial für Altäre, Betreten der Altarstufen	rituell
21 2—22 16[58]	ein selbständiger Kodex mit den drei Themen	juristisch
	1. Sklave	
	2. Verletzungen der körperlichen Integrität	
	3. Haftungen im Bereich der landwirtschaftlichen und handwerklichen Arbeit	
	sowie einem aus der Reihe fallenden Paragraphen v. 15f.; gegliedert im Detail	
	1. nach juristischer Gedankenführung,	
	2. nach der sozialen Stellung der betreffenden Personen,	
	3. nach der Wertigkeit der Gegenstände,	
	4. durch Gegenüberstellung von Fall und Gegenfall sowie	
	5. durch möglichst einheitliche Reihenfolge bei sachlich oder rechtlich gleichartigen Tatbeständen[59]	
22 17	Verhalten gegenüber Zauberei	juristisch
18	Sodomie	juristisch
19	illegitimer Opferkult[60]	rituell[61]
20-26	Verhalten gegenüber *ger*, *'âlmanâ* und *jatôm*;	sittlich[62]

---

[57] Vgl. oben 17 mit Anm. 8.

[58] Ex 21 1 ist eine sekundäre Überschrift für den folgenden Kodex.

[59] Dazu ausführlich Verf., Zur Systematik in dem Codex Ex 21 2—22 16.

[60] Ob das *jâḥàram* der gegenwärtigen Textgestalt als juristischer Terminus anzusprechen ist, ist zweifelhaft; dieses Wort kommt jedenfalls nur hier in Verbindung mit Stoffen vor, die man als juristisch bezeichnen könnte.

[61] Hier versagt B. Landsbergers Einteilungsprinzip, vgl. oben 53 Anm. 18.

[62] Diese Normen begründen sicher keinen Anspruch; vor allem Ex 22 25 dürfte kaum eine tatsächlich geübte Rechtspraxis widerspiegeln, denn was für einen Sinn sollte eine Pfändung haben, die ohne Rückzahlung der Schuld rückgängig gemacht wird?

	Zinsnahme; Befristung der Pfändung von Kleidungsstücken	
27	Blasphemie	juristisch?
27	Diskriminierung eines *naśî*	juristisch
28f.	Ablieferung des *mᵉle'ā*, *dæmᵃ̆'* und *bᵉkôr*	rituell[61]
30	*qodæś* der Angeredeten	rituell[61]
30	Genuß von Tierkadavern	rituell[61]
23 1-3	Verhalten vor Gericht	sittlich[62]
4	Verhalten gegenüber dem Eigentum eines Feindes	sittlich
5	Verhalten bei dem Verkehrsunfall eines Feindes	sittlich?
6	Verhalten gegenüber einem Armen vor Gericht	sittlich[62]
7	Betrug	juristisch
7	Tötung eines Unschuldigen	juristisch
8	passive Bestechung	juristisch
9	Verhalten gegenüber einem *ger*	sittlich[62]
10f.	Termin für die Brache	rituell[63]
12	Sabbat	
13	Beachtung der dargelegten Normen	paränetisch
13	Nennung fremder Gottesnamen	rituell
14-17	Festtermine	rituell
18	technische Anweisungen für Opfer	rituell
19	Abgabe des *reśît bikkûr*	rituell
19	technische Anweisungen für Opfer	rituell

Während also in dem Abschnitt Ex 21 2—22 16 ein deutlich erkennbares und logisch nachvollziehbares Anordnungsprinzip existiert, ist es in Ex 22 17ff. über B. Landsbergers Einteilung hinaus wohl nicht möglich, dem Gedankengang des Kompositors zu folgen. Jegliche Gliederung des Stoffes scheint zu fehlen; wer wollte freilich auch dieses Gemisch von juristischen, sittlichen, rituellen und mehr oder weniger inhaltslosen paränetischen Normen in eine halbwegs einsichtige Ordnung bringen? Ein juristisch geschulter Kopf, wie er beispielsweise für den Kodex Ex 21 2—22 16 verantwortlich zeichnet, und wie man ihn grundsätzlich hinter Rechtstexten erwarten würde, ist hier offenbar nicht am Werk gewesen. Deshalb sollten wir auch nicht davon reden, daß das Bundesbuch als ein selbständiges »Rechts«buch im Umlauf gewesen wäre, das gilt wohl nur für Ex 21 2—22 16.

Dieses eine Beispiel dürfte genügen, um zu zeigen, daß diejenigen Texte, in denen Sätze mit juristischem Inhalt vorkommen, die als Anrede im sing. oder plur. stilisiert sind, offensichtlich nicht zu dem Zweck geschaffen wurden, Rechtsnormen darzulegen und einander

---

[63] Diese beiden Institutionen sind dem Wortlaut des AT nach deutlich rituell zu verstehen, es ist aber durchaus denkbar, daß sowohl Brache als auch Sabbat ursprünglich Regeln waren, die aus der ökonomischen Erfahrung stammten; insofern ist die obige Einordnung unsicher.

zuzuordnen; sofern diese Passagen überhaupt aus einem Guß sind, wollten die Verfasser ihre Leser in Vorschriften aus den verschiedensten Lebensbereichen unterrichten, wobei der pädagogische Ton unüberhörbar ist. Ob sie in ihrer gegenwärtigen Gestalt aus der Predigt stammen, oder ob wir, da einige dieser Texte in der ältesten greifbaren Gestalt theologische Argumentationen vermissen lassen[64], ursprünglich pädagogische Texte vor uns haben[65], ist für das zur Debatte stehende Problem gleichgültig. Auf alle Fälle werden die Einzelsätze dieser Passagen auch dann, wenn sie juristisches Material darstellen, unter diesen Umständen nicht als Rechtssätze bezeichnet werden dürfen; der Begriff apodiktisches »Recht«, den F. Horst und andere in diesem Zusammenhang gebrauchen[66], ist unangemessen und darüber hinaus mißverständlich.

Somit kann die Gattung Rechtssatz nach inhaltlichen Kriterien auf folgende Stilformen beschränkt werden:

> Jussivformulierung,
> Konditionalsatzformulierung[67],
> Partizipialsatzformulierung,
> elliptische Formulierung und
> Relativsatzformulierung[68].

Sprachlich anders ausgeführte Sätze stehen, auch wenn sie zuweilen juristische Stoffe beinhalten, außerhalb dieser Gattung; sie sind einer Gattung Unterweisung oder ähnlich zuzuweisen.

2. Es ist nun aber immerhin denkbar, daß die soeben zusammengestellten Ausdrucksformen für juristische Stoffe mehrere verschiedene Gattungen von Rechtssätzen repräsentieren. Daß das jedoch nicht der Fall ist, zeigt eine Untersuchung der Form dieser Sätze; alle scheinbare Unterschiedlichkeit wird durch die formal logische Übereinstimmung aufgehoben.

---

[64] Vgl. K. Elligers Charakterisierung der Glossen zur *lo'-t^egāllǣ*-Reihe Lev 18 7ff. oben 42 Anm. 16.

[65] Hier treffen wir uns mit der Auffassung E. Gerstenbergers vom Wesen des apodiktischen Rechts.

[66] Recht und Religion im Bereich des Alten Testaments 261; es wäre wohl das beste, der term. techn. apodiktisches Recht würde aus der Literatur verschwinden.

[67] Hierzu ist außer C. Feuchts »Wenn-Formulierung« auch die in seiner Zusammenstellung als Ausdrucksform für juristische Inhalte vergessene »(ungebundene) ischki-Formulierung« zu rechnen, grammatisch handelt es sich dabei um einen zusammengesetzten Nominalsatz mit einem Konditionalsatz als Prädikat im ersten Glied des Rechtskasus; der einzige Fundort ist Lev 25 26ff.

[68] In der hebräischen Tradition mit juristischem Inhalt nicht belegt, dagegen aus dem Zweistromland gut bekannt.

Wie H. Gese richtig gesehen hat[69], ist zur Formseite der Gattung nicht nur die grammatische Struktur und der Wortschatz, sondern auch der logische Aufbau der sprachlichen Äußerung zu rechnen. Auf dieser Ebene hat er die entscheidenden Unterschiede zwischen Kasuistik und Apodiktik sehen wollen. Die Frage ist nur, ob H. Geses Definition der Sätze des apodiktischen Rechts als Rechtssätze ohne Rechtsfolge[70] denn sachlich zutreffend ist? H. Graf Reventlow hat mit Recht daraufhin gefragt, ob es überhaupt jemals Rechtssätze gegeben habe, die ohne Beziehung auf eine Rechtsfolge verkündet worden seien und nichts anderes als »allgemein Recht setzen« sollten[71]; und diese Frage muß wohl auch noch in einer anderen Weise verneint werden, als H. Graf Reventlow das getan hat:

Eine Norm wie *eqelšu kirîšu u bîssu ana ipṭerišu ul innaddin* in CH § 32, auf die H. Geses Bestimmung der Apodiktik doch auf den ersten Blick zuzutreffen scheint, ist in Wahrheit eine scheinbar von ihrem Rechtskasus isolierte Rechtsfolge, sie gilt nämlich nur dann, wenn das erwähnte Feld, der Garten und das Haus Lehen sind; der Rechtskasus verbirgt sich somit hinter dem Possessivpronomen *-šu*, das die in dem voraufgegangenen Konditionalsatzgefüge beschriebene Rechtslage aufgreift. Ähnliche, wenn vielleicht auch nicht so deutliche Fälle gibt es in der hebräischen Rechtsliteratur; als Beispiel sei Ex 22 2 angeführt *šallem jᵉšallem*, dessen Subjekt der Dieb in den Paragraphen Ex 21 37ff. ist, das Wort *hággannab* dürfte Rechtskasus genug sein[72]. Das bedeutet aber: Alle hier besprochenen Stilarten, die echten Rechtssätze wie auch die Sätze des apodiktischen »Rechts«, die sich mit juristischen Themen befassen, unterscheiden sich voneinander in ihrer logischen Struktur nicht; sie alle verknüpfen einen mehr oder weniger ausführlich genannten, vielleicht sogar lediglich aus dem literarischen beziehungsweise Situationskontext erkennbaren Rechtskasus mit einer Rechtsfolge. Somit ist es von der logischen Struktur der Sätze (als einer Komponente der Formseite der Gattungen) aus nicht möglich, innerhalb der vorliegenden Rechtssatzformulierungen eine Grenze zu ziehen, die Gattungen konstitutieren würde, und dabei ist es gleichgültig, ob und wie die Verbindung von Rechtskasus und Rechtsfolge im einzelnen sprachlich hergestellt worden ist. Man wird im Gegenteil

---

[69] Beobachtungen zum Stil alttestamentlicher Rechtstexte.

[70] Vgl. oben 54.

[71] Vgl. oben 55.

[72] Selbst die Sätze des Dekalogs wie Ex 20 13

lo' tirṣaḥ

setzen nicht »allgemein Recht«, indem sie »festlegen, was Unrecht ist«, sondern selbst diese Normen gelten lediglich für die Partei in dem »Vasallen«vertrag, für den der Dekalog die Vertragsurkunde darstellt, und dieses Vertragsverhältnis bildet den Rechtskasus für die einzelnen Normen.

sogar behaupten dürfen, daß diese formal logische Übereinstimmung als ein Bindeglied wirkt, das über die Formulierungen von Rechtssätzen hinausgreift und das apodiktische »Recht« miteinbezieht[73].

Die große Zahl der für Rechtssätze verwendeten sprachlichen Gestaltungsmöglichkeiten ist aber erstaunlich, vor allem dann, wenn wir das gesamte Gebiet des alten Orients betrachten; dabei stehen die Rechtssatzformulierungen der hebräischen Literatur keineswegs isoliert, sondern haben in den anderen Sprachbereichen vielfache Parallelen. Das gilt allein nicht für die Partizipialsatzformulierungen[74]; hier liegt wohl tatsächlich eine genuin israelitische Rechtssatzform vor[75]. Zu der Zusammenstellung der belegbaren Stilformen für Rechtssätze bei H. Petschow[76] kann ergänzt werden:

> Ellipse[77],
> zusammengesetzter Nominalsatz[78] und
> Partizipialsatz.

Wenn es sich aber bei dieser Vielzahl von grammatischen Ausdrucksmöglichkeiten, die im Alten Orient für die Formulierung von Rechtssätzen herangezogen worden sind, tatsächlich nicht um unterschiedliche Gattungen im H. Gunkelschen Sinne handelt, dann ist zu erwarten, daß die einzelnen Formen gegenseitig austauschbar sind; und das ist nun auch der Fall: Vielfach werden in der altorientalischen Rechtsliteratur gleiche Inhalte in offensichtlich gleichen Situationen unterschiedlich ausgedrückt; so liegen beispielsweise Preisbestimmungen im CH in Konditionalsatzformulierungen und in den LE

---

[73] So ähnlich auch H. Graf Reventlow, vgl. oben 55; dann ist aber auch nichts Unvereinbares zusammengestellt, wenn zwischen Rechtssätzen im Konditionalsatzstil Jussivformulierungen stehen, über die oben 57 Anm. 41 genannten Stellen hinaus ist dafür noch auf Ex 22 8, LE §§ 15 f. 18 A und 51, CH § 187 sowie MaG A § 40 zu verweisen; eine Quellenscheidung wäre hier fehl am Platze. H. Petschow, Zu den Stilformen antiker Gesetze und Rechtssammlungen, spricht zu Recht von einer »'natürlichen' ... Stilisierung«, die den ausgedrückten Sachverhalt auf eine angemessene sprachliche Form bringen will; an Erlässen und Instruktionen läßt sich übrigens zeigen, daß auch deutlich als Einheit konzipierte Texte von vornherein Jussivformulierungen und Relativ- oder Konditionalsatzgefüge nebeneinander enthalten können, vgl. M. Müller a. a. O.

[74] H. Gese 148 bietet LE § 35 als Parallele zu den hebräischen Partizipialsatzformulierungen an, dort liegt aber in Wirklichkeit eine Jussivformulierung vor, wobei *leqû* als term. techn. in der Bedeutung »Empfänger« zu verstehen ist.

[75] Doch vgl. oben 18 Anm. 13 und öfter, 34 Anm. 9 und öfter.

[76] Zu den Stilformen antiker Gesetze und Rechtssammlungen.

[77] Dieser Stil ist nicht auf die hebräische Talionsformel beschränkt, sondern auch in LE § 1 belegt, vgl. oben 48.

[78] Außer Lev 25 26ff. muß LE § 2 genannt werden, vgl. oben 48.

entweder in Ellipsen oder in zusammengesetzten Nominalsätzen vor;
ein Vergleich dieser beiden Kodizes überhaupt, die doch schwerlich
einem unterschiedlichen Sitz im Leben entstammen werden, zeigt auf
der einen Seite fast ausschließlich Konditionalsatzgefüge mit *šumma*
und auf der anderen Seite Ellipsen, Nominalsätze, Jussivformulierungen, Relativsatzformulierungen sowie Konditionalsatzgefüge mit
šumma, mit Prekativ oder auch nur mit *-ma*; in diesem Zusammenhang können aber auch die elliptischen Talionsbestimmungen der
hebräischen Talionsformel den Talionsbestimmungen im CH gegen-
übergestellt werden, die durchweg als Konditionalsatzgefüge gestaltet
sind. Das aber läßt sich mit der Grundregel der Gattungsforschung,
»daß eine Einzelaussage, entsprechend der Situation, aus der heraus
sie geschieht, in gleichgelagerten Fällen zumeist sich nicht nur der
gleichen Worte zu bedienen pflegt, sondern ebenso auch der gleichen
bestimmten Formen«[79], nicht vereinbaren, so daß wir zu dem Schluß
geführt werden, hier seien die Gesetzmäßigkeiten der Kategorie
Gattung nicht mehr wirksam, oder mit anderen Worten, daß diese
Unterschiede in der sprachlichen Gestaltung der Rechtssätze nicht
gattungskonstitutiv sind.

Es gibt also lediglich eine einzige Gattung Rechtssatz, die dadurch
charakterisiert ist, daß sie formal einen Fall mit einer Folge verknüpft
und inhaltlich juristische Stoffe behandelt.

3. Es ist jedoch notwendig zu erklären, wie die große Breite
sprachlicher Gestaltung innerhalb der Gattung Rechtssatz zustande
kommt.

Die Gestalt einer Äußerung ist gewiß nicht allein — das muß
als Kritik an der Gattungsforschung gesagt werden — durch den Zwang
zur Einhaltung einer Gattung bestimmt, hierbei ist sowohl der persönliche und auch sprachkollektive Geschmack als auch der Zwang
zu dem sprachlich angemessenen, natürlichen Ausdruck eines Inhaltes
zu berücksichtigen. Persönlicher und sprachkollektiver Geschmack ist
sicher bei der fast durchgängigen Stilisierung der Rechtssätze im CH[80]
wie auch bei den so stark am aramäischen Sprachgefühl ausgerichteten
Sätzen der *môt-jûmat*- und der *'arûr*-Reihe[81] in Rechnung zu stellen.
Weit häufiger aber wird der Zwang zu der sprachlich angemessenen
Ausdrucksweise am Werke sein: So hat D. Daube in den einzelnen
Stilformen des römischen Rechts die Wirkung inhaltlicher Unter-

---

[79] RGG³, 996f.

[80] Anders wird man sich die Entstehung des CH in seiner jetzigen Gestalt kaum vorstellen können; dabei muß freilich die Frage offenbleiben, warum die §§ 36. 38—40
und 187 in ihrer natürlichen Ausdrucksweise beibehalten worden sind, wogegen die
Preis- und Lohntarife ihre natürliche Stilisierung eingebüßt haben.

[81] Vgl. oben 18 Anm. 13.

schiede sehen wollen, in der älteren Formulierungsweise der lateinischen Rechtssätze als Konditionalsatzgefüge mit *si* werde ein (zukünftig eintretender) Fall betrachtet, in der Relativsatzformulierung dagegen eine gewisse Kategorie von Personen[82]; diese Differenzierung bietet sich auch für die Deutung des Nebeneinanders der einzelnen sprachlichen Gestaltungen in der altorientalischen und speziell semitischen Rechtsliteratur an: Soll ein Fall und seine Folgen beschrieben werden, so legt sich auch in den semitischen Sprachen das Konditionalsatzgefüge als die natürliche Ausdrucksweise nahe, gleichgültig, ob man es mit einer Subjunktion oder, wie im Akkadischen immerhin möglich, mit Prekativ oder vielleicht sogar weiserlos mit »und« konstruiert, im einzelnen wird das dann der Geschmack entscheiden; soll aber eine bestimmte Person innerhalb eines Rechtsfalles und seiner Folgen betrachtet werden, so bietet sich je nach Geschmack in den semitischen Sprachen der Partizipial- oder auch der Relativsatz an.

Nun ist es aber oft schwer zu entscheiden, ob eine vorliegende und vielleicht häufig wiederkehrende literarische Form als Gattung im H. Gunkelschen Sinne durch Inhalt und Sitz im Leben oder aber als natürliche Stilisierung allein durch den Inhalt bedingt ist, sich vielleicht in einer anderen sprachlichen Gestalt schlechterdings nicht wiedergeben ließ. Die Entscheidung wird jedoch um so leichter fallen, je größer und umfangreicher das sprachliche Ausdrucksmittel ist, um dessen Deutung es geht. Denn »man kann ... von einer fortschreitenden Skala der freien Kombinationsmöglichkeiten sprechen. Was die Kombination der distinktiven Merkmale zu Phonemen anbetrifft, so ist die Freiheit des individuellen Sprechers gleich Null ... Die Freiheit, Phoneme zu Wörtern zu kombinieren, ist eng begrenzt und bleibt auf die seltenen Fälle der Wortneubildung beschränkt. Bei der Satzbildung aus Wörtern besitzt der Sprecher größere Freiheit. Schließlich verlieren bei der Kombination von Sätzen zu größeren Äußerungen die obligatorischen syntaktischen Regeln ihre Wirksamkeit, so daß die Freiheit der individuellen Sprecher, neue Kontexte zu schaffen, in bedeutendem Maße wächst, obwohl auch hier die zahlreichen stereotypen Äußerungen nicht übersehen werden dürfen.«[83]

Diese »stereotypen Äußerungen« sind Gattungen; es ist demnach damit zu rechnen, daß wir es bis ungefähr zur Größenordnung eines Satzes regelmäßig mit natürlichen Stilisierungen zu tun haben, und innerhalb der Größenordnung eines Satzes werden wir mit der Unterscheidung von Gattungen vorsichtig sein müssen; erst von da an auf-

---

[82] Forms of Roman Legislation.

[83] R. Jakobsen, Zwei Seiten der Sprache und zwei Typen aphatischer Störungen, zitiert nach der deutschen Übersetzung von G. F. Meyer 53.

wärts läßt das Ausbleiben des sprachlichen Zwanges der gattungsgeschichtlichen Regel

$$\text{Inhalt} \quad \wedge \quad \text{Situation} \quad \longrightarrow \quad \text{Form}$$

Wirkungsmöglichkeit.

So ist es verständlich, wenn innerhalb von Gattungen, die nur aus
einem Satz bestehen, wie bei der Gattung Rechtssatz eine Vielzahl
sprachlicher Gestaltungsweisen auftritt, ohne daß sich Indizien dafür
finden lassen, es handle sich bei den einzelnen Formen um Repräsentanten unterschiedlicher Gattungen.

Zusammenfassung

Es existiert in der altorientalischen Rechtsliteratur allgemein wie auch in der kanonischen Literatur des Alten Testaments lediglich eine einzige Gattung, die als Rechtssatz bezeichnet werden kann. Von der durch A. Alt eingeführten Unterscheidung zwischen kasuistischem und apodiktischem Recht sollte Abstand genommen werden; seine Gattung des apodiktischen Rechts zerfällt einerseits in Rechtssätze, deren Unterschiede zum kasuistischen Recht nicht gattungskonstitutiv sind: die Talionsformel, die *môt-jûmat-* und die *'arûr*-Reihe, und andererseits in Texte mit pädagogischem Charakter, in denen zuweilen auch juristisches Material teils in der ursprünglichen Gestalt, teils dem Redestil angepaßt behandelt wird; hierzu ist die *lo'-tᵉgāllæ*-Reihe, aber auch der Dekalog zu rechnen.

Der Sitz im Leben der Gattung Rechtssatz ist die Gerichtsbarkeit beziehungsweise die Rechtswissenschaft.

Die Annahme einer kultisch relevanten Rechtssatzgattung kann nicht aufrecht erhalten werden. Der profane Charakter der Talionsformel, der *môt-jûmat-* und der *'arûr*-Reihe in ihrer ältesten greifbaren Gestalt weist vielmehr darauf hin, daß es im alten Israel entgegen der Darstellung des Alten Testaments mit seiner pansakralen Konzeption wie auch bei den anderen Völkern des Alten Orients einen selbständigen Lebensbereich Recht gegeben hat; das gilt besonders für die nomadische Epoche der israelitischen Geschichte, in der die genannten Texte entstanden sind; wenn diese keinerlei religiöses Element zeigen, dann steht das im Einklang mit der auch in rezenter Zeit häufig beobachteten religiösen Gleichgültigkeit der Beduinen. Die starke Verflechtung des Rechts mit dem Kultus, die uns der alttestamentliche Kanon in vielfacher Art und Weise darstellt, zeigt somit keinen urtümlichen Zustand, sondern — falls dem alttestamentlichen Bild vom Leben im alten Israel in diesem Punkte überhaupt ein Wahrheitsgehalt zukommt, und wir nicht etwa nur eine Fiktion vor uns haben — das Ergebnis einer im Laufe der Zeit vollzogenen Begegnung von Recht und Religion[1], in deren Zuge juristisches Material in die Kultpredigt und religiöse Literatur aufgenommen worden ist.

Wenn wir auch nicht von einer genuin israelitischen Rechtssatzgattung reden können, so stehen doch die Partizipialsatzformulierungen der *môt-jûmat-* und der *'arûr*-Reihe in der altorientalischen Rechtsliteratur ohne Parallelen da; ihre Besonderheit ist auf sprachliche Eigentümlichkeiten des Aramäischen sowie auf ihre Memorierform zurückzuführen.

---

[1] F. Horst, Recht und Religion im Bereich des Alten Testaments, 266.

Literaturverzeichnis

W. F. Albright, Rezension zu A. Alt, Die Ursprünge des israelitischen Rechts, JBL LV (1936), 164—169.

A. Alt, Die Ursprünge des israelitischen Rechts, 1934; zitiert nach A. Alt, Kleine Schriften zur Geschichte des Volkes Israel, I 1959, 278—332.

—, Zur Talionsformel, ZAW NF 11 (1934), 303—305; zitiert nach A. Alt, Kleine Schriften zur Geschichte des Volkes Israel, I 1959, 341—344.

G. Beer—R. Meyer, Hebräische Grammatik, 1952—1955².

K. Bernhardt, Die gattungsgeschichtliche Forschung am Alten Testament als exegetische Methode, 1959.

H. J. Boecker, Redeformen des Rechtslebens im Alten Testament, 1964.

E. Bräunlich, Beiträge zur Gesellschaftsordnung der arabischen Beduinenstämme, Islamica 6 (1934), 68—111. 182—229.

H. Cazelles, Études sur le Code de l'Alliance, 1946.

J. Conrad, Die Entstehung und Motivierung alttestamentlicher Paraschen im Licht der Qumranfunde, in: Bibel und Qumran, Festschrift für H. Bardtke, 1968, 47—56.

D. Daube, Studies in Biblical Law, 1947.

—, Forms of Roman Legislation, 1956.

H. Donner—W. Röllig, Kanaanäische und aramäische Inschriften, 1962—1964.

G. R. Driver—J. C. Miles, The Assyrian Laws, 1935.

—, The Babylonian Laws, 1952—1955.

K. Elliger, Das Gesetz Leviticus 18, ZAW NF 26 (1955), 1—25.

—, Leviticus, 1966.

C. Feucht, Untersuchungen zum Heiligkeitsgesetz, 1964.

G. Fohrer, Das sogenannte apodiktisch formulierte Recht und der Dekalog, KuD 11 (1965), 49—74.

J. Friedrich, Die hethitischen Gesetze, 1959.

E. Gerstenberger, Wesen und Herkunft des sogenannten apodiktischen Rechts im Alten Testament, 1965.

H. Gese, Beobachtungen zum Stil alttestamentlicher Rechtssätze, ThLZ 85 (1960), 147—150.

S. Gevirtz, West-Semitic Curses and the Problem of the Origins of Hebrew Law, VT 11 (1961), 137—158.

A. Goetze, The Laws of Eshnunna, 1956.

E. Gräf, Das Rechtswesen der heutigen Beduinen, 1952.

—, Religiöse Bindungen im Rechtsbrauchtum der Beduinen, in: K. Bünger—H. Trimborn, Religiöse Bindungen in frühen und in orientalischen Rechten, 1952.

O. R. Gurney—S. N. Kramer, Two Fragments of Sumerian Laws, in: Studies in honor of Benno Landsberger, 1965, 13—19.

G. Heinemann, Untersuchungen zum apodiktischen Recht, Diss. theol. 1958.

F. Horst, Der Diebstahl im Alten Testament, in: Festschrift für P. Kahle, 1935, 19—28; zitiert nach F. Horst, Gottes Recht, 1961, 167—175.

—, Recht und Religion im Bereich des Alten Testaments, EvTh 16 (1956), 49—75; zitiert nach F. Horst, Gottes Recht, 1961, 260—291.

—, Der Eid im Alten Testament, EvTh 17 (1957), 366—384; zitiert nach F. Horst, Gottes Recht, 1961, 292—314.

R. Jakobsen, Zwei Seiten der Sprache und zwei Typen aphatischer Störungen, in: R. Jakobsen—M. Halle, Grundlagen der Sprache, 1960.

C. F. Jean—J. Hoftijzer, Dictionnaire des inscriptions sémitiques de l'ouest, 1965.

R. Kilian, Apodiktisches und kasuistisches Recht im Licht ägyptischer Parallelen, BZ 7 (1963), 185—202.

—, Literarkritische und formgeschichtliche Untersuchung des Heiligkeitsgesetzes, 1963.

K. Koch, Was ist Formgeschichte?, 1968[2].

L. Koehler—W. Baumgartner, Lexicon in veteris testamenti libros, 1958.

—, Hebräisches und aramäisches Lexikon zum Alten Testament, 1. Lieferung 1967[3].

W. Kornfeld, Studien zum Heiligkeitsgesetz, 1952.

S. N. Kramer—A. Falkenstein, Ur-Nammu Law Code, Or NS 23 (1954), 40—51.

F. R. Kraus, Die physiognomischen Omina der Babylonier, MVAeG 40, Heft 2, 1935.

—, Ein zentrales Problem des altmesopotamischen Rechts: Was ist der Codex Hammurabi?, Genava NS 8 (1960), 283—296.

H. Kraus, Gottesdienst in Israel, 1962[2].

B. Landsberger, Die babylonischen Termini für Gesetz und Recht, in: Festschrift für P. Koschaker, 1939.

S. Luria, Tochterschändung in der Bibel, ArOr 33 (1965), 207f.

R. A. F. MacKenzie, The Forms of Israelite Law, Diss. theol. 1949.

—, The Formal Aspect of Ancient Near Eastern Law, in: Festschrift für T. J. Meek, 1964, 31—44.

S. Mowinckel, Psalmen-Studien V, 1923.

M. Müller, Die Erlässe und Instruktionen aus dem Lande Arrapḫa, Diss. phil. 1968.

M. Noth, Die Gesetze im Pentateuch, 1940.

—, Geschichte Israels, 1955.

—, Das zweite Buch Mose, ATD 5, 1960.

—, Das dritte Buch Mose, ATD 6, 1964.

S. Nyström, Beduinentum und Jahwismus, 1946.

J. Oelsner, Benennung und Funktion der Körperteile im hebräischen Alten Testament, Diss. phil. 1960.

H. Petschow, Zu den Stilformen antiker Gesetze und Rechtssammlungen, Zeitschrift der Savigny-Stiftung 82 (1965), 24—38.

—, Zur Systematik und Gesetzestechnik im Codex Hammurabi, ZA NF 23 (1965).

J. B. Pritchard, Ancient Near Eastern Texts relating to the Old Testament, 1950.

K. Rabast, Das apodiktische Recht im Deuteronomium und im Heiligkeitsgesetz, 1949.

C. Rabin, Hittite Words in Hebrew, Or NS 32 (1963), 113ff.

G. von Rad, Das formgeschichtliche Problem des Hexateuch, 1938.

—, Theologie des Alten Testaments, I 1963[4].

—, Das fünfte Buch Mose, ATD 8, 1965.

R. Rendtorff, Die Gesetze in der Priesterschrift, 1954.

H. Graf Reventlow, Das Heiligkeitsgesetz formgeschichtlich untersucht, 1961.

—, Gebot und Predigt im Dekalog, 1962.

H. Graf Reventlow, Kultisches Recht im Alten Testament, ZThK 60 (1963), 267—304.

F. Rosenthal, A Grammar of Biblical Aramaic, 1963².

W. Rudolph, Jeremia, 1968³.

H. Schmökel, Geschichte des alten Vorderasien, 1957.

W. Schottroff, Der altisraelitische Fluchspruch, 1969.

H. Schulz, Das Todesrecht im Alten Testament, 1969.

V. Wagner, Zur Systematik in dem Codex Ex 21 2—22 16, ZAW 81 (1969), 176—182.

J. G. Williams, Concerning one of the Apodictic Formulas, VT 14 (1964), 484—489.

E. Würthwein, Der Text des Alten Testaments, 1952.

W. Zimmerli, Das zweite Gebot, in: Festschrift für A. Bertholet, 1950, 550—563.

—, Die Eigenart der prophetischen Rede des Ezechiel, ZAW 66 (1954), 1—26.

Zur Abkürzung der altorientalischen Kodizes:

CH	Codex Hammurabi; Paragraphenzählung nach G. R. Driver, J. C. Miles, The Babylonian Laws.
HG	Hethitische Gesetze; Paragraphenzählung nach J. Friedrich.
LE	Gesetze von Ešnunna; Paragraphenzählung nach A. Goetze.
MaG	Mittelassyrische Gesetze; Paragraphenzählung nach G. R. Driver—J. C. Miles, The Assyrian Laws.

Walter de Gruyter
Berlin · New York

Beihefte zur Zeitschrift
für die alttestamentliche Wissenschaft
Herausgegeben von Georg Fohrer

Walter de Gruyter
Berlin · New York

Georg Fohrer	**Theologische Grundstrukturen des Alten Testaments** Oktav. X, 276 Seiten. 1972. Kartoniert DM 38,— ISBN 3 11 003874 9 (Theologische Bibliothek Töpelmann 24)
Georg Fohrer	**Geschichte der israelitischen Religion** Oktav. XVI, 435 Seiten. 1969. Gebunden DM 32,— ISBN 3 11 002652 X (de Gruyter Lehrbuch)
Georg Fohrer	**Studien zur alttestamentlichen Prophetie (1949—1965)** Groß-Oktav. XII, 303 Seiten. 1967. Ganzleinen DM 60,— ISBN 3 11 005582 1 (Beiheft 99 zur Zeitschrift für die alttestamentliche Wissenschaft)
Georg Fohrer	**Studien zur alttestamentlichen Theologie und Geschichte (1949—1966)** Groß-Oktav. X, 372 Seiten. 1969. Ganzleinen DM 74,— ISBN 3 11 002580 9 (Beiheft 115 zur Zeitschrift für die alttestamentliche Wissenschaft)
Georg Fohrer (Hrsg.)	**Hebräisches und aramäisches Wörterbuch zum Alten Testament** Herausgegeben von Georg Fohrer in Gemeinschaft mit Hans Werner Hoffmann, Friedrich Huber, Jochen Vollmer, Gunther Wanke. Oktav. X, 331 Seiten. 1971. Ganzleinen DM 28,— ISBN 3 11 001904 7
Henry Chadwick	**Die Kirche in der antiken Welt** Klein-Oktav. VI, 382 Seiten. 1972. Kartoniert DM 14,80 ISBN 3 11 002268 0 (Sammlung Göschen Band 7002)

Walter de Gruyter
Berlin · New York

Patristische Texte und Studien

Herausgegeben von Kurt Aland u. Wilhelm Schneemelcher
Groß-Oktav. Ganzleinen

Zuletzt erschienen:

Aurelio de Santos Otero

Das kirchenslavische Evangelium des Thomas

VIII, 193 Seiten. 1967. DM 42,— (Bd. 6)

P. Bonifatius Kotter
(Hrsg.)

Die Schriften des Johannes von Damaskos

Herausgegeben vom Byzantinischen Institut
der Abtei Scheyern. Etwa 8 Bände.
I. Institutio elementaris. Capita philosophica (Dialectica).
Als Anhang: Die philosophischen Stücke aus Cod. Oxon.
Bodl. Auct. T. I. 6.
XVI, 198 Seiten. 1969. DM 48,— (Bd. 7)
II. Expositio fidei.
Etwa 200 Seiten. 1972. Etwa DM 58,— (Bd. 12)

Reinhart Staats

Gregor von Nyssa und die Messalianer

Die Frage der Priorität zweier altkirchlicher Schriften.
VIII, 144 Seiten. 1968. DM 34,— (Bd. 8)

Eberhard Oberg
(Hrsg.)

Amphilochii Iconiensis. Iambi ad seleucum

VIII, 105 Seiten. 1969. DM 28,— (Bd. 9)

Roger Aubrey Bullard
(Hrsg.)

The Hypostasis of the Archons

The Coptic Text with Translation and Commentary
With a Contribution by Martin Krause.
XII, 132 pages. 1970. DM 42,— (Bd. 10)

Wolfgang A. Bienert

„Allegoria" und „Anagoge" bei Didymos dem Blinden von Alexandria

XII, 188 Seiten. 1972. DM 58,— (Bd. 13)
ISBN 3 11 003715 7

Walter de Gruyter
Berlin · New York

Arbeiten zur Kirchengeschichte

Begründet von Karl Holl und Hans Lietzmann.
Herausgegeben von Kurt Aland,
Walther Eltester und Hanns Rückert.

Groß-Oktav. Ganzleinen

Zuletzt erschienen:

Kurt-Victor Selge	## Die ersten Waldenser Mit Edition des Liber Antiheresis des Durandus von Osca. Band I: Untersuchung und Darstellung. XVIII, 320 Seiten. Band II: Die Liber Antiheresis des Durandus von Osca. XXVI, 267 Seiten. Mit 2 Faksimiles. 1967. DM 128,— (Bd. 37)
Heinz Liebing Klaus Scholder (Hrsg.)	## Geist und Geschichte der Reformation Festgabe Hanns Rückert zum 65. Geburtstag. Dargebracht von Freunden, Kollegen und Schülern in Verbindung mit Kurt Aland und Walther Eltester. Mit 1 Frontispiz. VIII, 486 Seiten. 1966. DM 68,— (Bd. 38)
Knut Schäferdiek	## Die Kirche in den Reichen der Westgoten und Suewen bis zur Errichtung der westgotischen katholischen Staatskirche. VIII, 186 Seiten. 1967. DM 48,— (Bd. 39)
Walter Bodenstein	## Die Theologie Karl Holls im Spiegel des antiken und reformatorischen Christentums VIII, 354 Seiten. 1968. DM 72,— (Bd. 40)
Reinhard Schwarz	## Vorgeschichte der reformatorischen Bußtheologie X, 349 Seiten. 1968. DM 46,— (Bd. 41)
Klaus Wengst	## Tradition und Theologie des Barnabasbriefes X, 129 Seiten. 1971. DM 34,— (Bd. 42)